Whistling Vivaldi:
How Stereotypes Affect Us and What We Can Do

Claude M. Steele

クロード・スティール

訳 藤原朝子

日本語版序文 北村英哉

ステレオタイプの科学

「社会の刷り込み」は成果にどう影響し、わたしたちは何ができるのか

英治出版

妻のドロシーと、子どもたち、ジョリー、ベン、ダイナ、シドニー、コールマン、マシュー、
そして、両親であるルース・スティールとシェルビー・スティールに捧ぐ

Whistling Vivaldi
how stereotypes affect us and what we can do
by
Claude M. Steele

日本語版序文

東洋大学社会学部社会心理学科教授　北村英哉

女性は理数系に弱い。男性より女性のほうが、保育士や看護師に向いている。理系の人は空気が読めない。

誰しも一度は耳にしたことがある言説ではないだろうか。こうした人をある種のカテゴリーで見る固定観念、鋳型のことを「ステレオタイプ」という。

本書の中心的なテーゼは、このステレオタイプと人間のパフォーマンスの関係を紐解いた「ステレオタイプ脅威」というものだ。周囲からステレオタイプに基づく目で見られることを恐れ、その恐れに気をとられるうちに、実際にパフォーマンスが低下し、恐れていた通りのステレオタイプをむしろ確証してしまうという現象である。

ステレオタイプの問題に関心のある人はもちろん、企業でダイバーシティに取り組んでいる人、日本社会のなかで女性活躍を謳うような取り組みをされている人、障害者や民族の問題に関心のある人、冒頭に挙げたような発言や思い込みに疑問を感じるすべての人に、この本で記されていることをぜひ一緒に考えてもらいたいと思う。

本書はステレオタイプ脅威についての画期的な書物だ。理由は主に四つある。一つは、本書に記されていることの背景には、すべて科学的な裏付けがあるということだ。二つ目として、単に学術的に盤石であるだけでなく、具体的な体験も踏まえていることが、説得力を広く高めていると考えられる。三つ目として、周囲からの偏見の目、差別がなかったとしても、ステレオタイプ脅威に基づくパフォーマンスの低下はあると解明していること。そして、四つ目に、ステレオタイプ脅威を抜け出す方法についても言及していることである。もう少し詳しく見てみよう。

科学的な裏付けと日常の体験

著者のクロード・スティール博士は、スタンフォード大学教授で現在はカリフォルニア大学バークレー校の副学長を兼ねている著名な社会心理学者である。彼自身アフリカ系アメリカ人であり、そのことによって受けたステレオタイプに基づく経験も本書では述べられている。八〇年代に自己確証理論において有名な研究者の一人となり、その後、本書の中心である「ステレオタイプ脅威」の研究を共同研究者たちと精力的に推進してきた。その一人であるジョシュア・アロンソンは、わたしが二〇一七年に客員研究員として在籍していたニューヨーク大学の教授である。

本書は、「単なる固定観念が、人間の行動に強力な影響を与えること（p.23）」を数々の実証的な実験で確認している。イメージや思い込みで議論するのではなく、科学的実験に基づいて書かれているのだ。その実証研究に携わる道筋が、ある種「研究方法」のトレーニング書であるかのごとく示されており、偏見やステレオタイプに関心のある一般の人々だけでなく、こうした問題に関心のある専門家にとっても、満足いく内容であると想像する。

読み始めると前半の研究が進行していく時間軸に則ったていねいな記述は、詳しすぎて飽きを感じる人もおられるかもしれない。しかし、ていねいに進められた研究群の先には驚くような成果が見られてくる。真実を追いかける探偵と思えば、この推理を極めていくプロセスは、ある種冒険的ミステリー小説のようにも読めるのだ。

さらに本書では、こうした科学的な実験だけではなく、著者自身の子どもの頃からの体験や、友人や学生、著名人の体験談も豊富に語られている。これらの体験談をもとに現実的に思考し、徹底的に考え抜いた実証実験を展開している様子が、読むほどによく見えてくるはずだ。

「女性は数学が苦手だ」というステレオタイプがあるなかで、難しい数学の試験を解こうとすると、萎縮して、実力が十分発揮できない女子学生。最高裁判事に女性が一人しかおらず、そのプレッシャーにさらされる女性判事。二人しか白人がいない黒人学生ばかりの授業で、居心地の悪さを感じ、萎縮する白人学生。これらの実際の有様は本書の中身をぜひ読んでほしい。

周囲からの差別や偏見がなかったとしても

「ステレオタイプ脅威」自体は、対人関係の問題を研究する学問である社会心理学の世界では有名なモデルである。しかし、実社会ではまだよく認識されていないように感じる。

その理由の一つは、ステレオタイプが、「差別」と「偏見」と混同されやすいことにあるだろう。ステレオタイプは、あるカテゴリーの人にどういった「イメージ」があるかという認識面（認知という）に焦点をあてた概念で、社会心理学のなかでも「社会的認知」と呼ばれる研究領域で扱われる。これに対して偏見は、ネガティブな他者へのイメージに対する拒否的、嫌悪的、敵意的感情であり、この感情に基づいた行動が差別である。簡単に言えば、ステレオタイプは認知、偏見は感情、差別は行動ということになる。

たとえば、社会全体にある「女性はリーダーシップ力が欠ける」というイメージはステレオタイプ。このイメージをもとに女性のリーダーや上司に不満を感じやすくなるのが偏見。差別は「だから登用しない」といったように、個々人の能力の査定に基づくのでなく、女性だからというステレオタイプで実質的な被害を他者に与えてしまうことである。

さて、多くの研究や社会での施策では、実際に人々がいかに偏見を持つか、差別的な行動をとるかということを扱う。近年は、自分が自覚していなくても偏見を表明してしまう、無意識のバイアス（アンコンシャス・バイアス）という概念も注目されている。現実にまだまだこうした無意識のゆがみがあることで、その対象とされる人々は窮屈に感じる。たとえば、男性社員には決して言わないのに、女性社員にだけには「早く帰らないで子どもは大丈夫？」と言うのも、「子どもは女性が育てるもの」という無意識のバイアスのあらわれと言えるだろう。逆に、女性のほうが多い保育や看護の職場では、男性が無意識のバイアスにさらされていることもある。

しかし、この書籍のテーマは「どんな偏見の目を向けられるのか」「実際にどう差別されているか」ではない。周りからの偏見や差別がなかったとしても、「本人が周りからどう思われるかを恐れる」だけで、ステレオタイプ脅威の影響は出てしまうのである。

たとえば、子ども扱いの慣れない若い男性は、何かの拍子に赤ちゃんを抱っこすることになったとき、こんな焦りを抱くかもしれない。「自分が抱いて泣き出してしまったらどうしよう」「男だから子ども扱いが下手だと思われる」「自分は子育てに理解がある男性として生きていきたいのに、ここで赤ちゃんをあやすのが下手だと思われたら、恥ずかしいし、みっともない」など（男性の読者には、実際にこうした心配を抱いたことがある方もいるのではないだろうか）。すると、もしかしたらよけいに手つきも抱き方もぎこちなくなり、赤ちゃんも居心地が悪くなって泣き出してしまうかもしれない。こうした例がステレオタイプ脅威だ。この現象は、抱っこするときに、周囲の人が差別的な行動や偏見の目を向けていなかったとしても、生じる。

日本でもあらゆるところに存在する

本書ではアメリカにおいて典型的に見られる現代でも実に深刻なステレオタイプについてとりあげられているが、ここでわたし自身のつつましい体験も一つ開示させていただこう。

わたしは良好な住宅地で育ったが、学区は乱暴な男子たちも多い、相対的に荒くれ度の高い小学校だった。工場労働者が多い街にあって、わたしの父は銀行家だった。本書にも例が出てくるが「お高くとまってんじゃねぇよ」という世界だ。わたしはクラスメートの男子から受け入れられるように乱暴な言葉遣いや粗雑な所作を学習し、転がってきたボールはわざと蹴っ飛ばし、ケンカの相手もつとめるよう努力した。その意図は子ども心にもはっきりと覚えている。何かの際に、リーダー格の男子から「あいつはだめだよ」と一度言われたそのときの恥ずかしさは今でも忘れない。

そうした努力の前に、「男子は運動能力が高いはずだ」というステレオタイプが立ちはだかった。わたしは運動に長けておらず、それがテストされる場面になるたびに、一人ならできていたことが不思議なくらいクラス集団のなかでは必ず失敗してしまい、悔しい思いをするのだ。こうした妙な「男らしさ」の要請は今でも大の苦手だが、これが女性だと「理数系に進学するものではない」「女性が政治家になるなんて」などといった逆風が吹き荒れている。今もグローバル・ジェンダー・ギャップ指数二〇一九において日本は一二一位と振るわず、政治家や会社役員において女性は少数者にとどまっている。

本書の書き出しは黒人の話からスタートし、日本の読者はあまり身近には感じないかもしれない。あえてわたしが自分の体験を記したのは、世界では広くさまざまなステレオタイプがはびこっていることを示したかったからである。わたしの体験であれば、「男らしさ」というのもそうだし、銀行員という職業イメージや工事現場労働者という職業イメージにもステレオタイプがあるだろう。

本書には「高齢者だから記憶が危ない」というイメージだけで高齢者のパフォーマンスが萎縮低下するという実験もでてくるが、誰しもがいつか高齢者になる必然から、人である限り皆が体験するはずのものであろう。他にも「太った人は自制心に欠ける」「慢性疾患者は生活がだらしない」など、世の中にはジェンダー／セクシュアリティ、障害、移民、民族、非行、犯罪者などさまざまなイメージが行き交っている。

恐れから解放されるための具体的な筋道

今の日本でもこうしたステレオタイプや偏見の話は無視できるものではないが、これからグローバルな世の趨勢で多様化がますます進んでくるなかで、より重要になることは間違いない。日本の人たちには不慣れな外国人の雇用、民族問題や人権への配慮に対応する必要がでてくるだろう。

もちろんこれは人対人の基本的な相手への尊重の話ではあるのだが、企業の利得にも関わる話でもある。とりわけ海外進出する企業では、そういった部分の失敗によって、あっという間に撤退という憂き目に遭うリスクも潜在している。国内であっても、ダイバーシティのある世界への対応をよく意識しないと、企業は容易に足をすくわれるだろう。

しかも、偏見や差別についてある程度配慮をしても、個々人のなかに残る差別の残像、ステレオタイプが当てはめられる恐怖によって、もったいないほどパフォーマンスが損なわれてしまうのが、ステレオタイプ脅威だ。

そんな難しい現象を前にして、本書がとりわけ素晴らしいのは、九章以降で、この恐れからどう解放され、いかにパフォーマンスを取り戻し、向上させていくか、その具体的な筋道が実証性をもって示されていることである。

しかも、その方法は極めてシンプルだ。詳しくは本書を参照していただければと思うが、ちょっとした声がけや環境設定などで、人のパフォーマンスが変化することが示されている。

国内でなかなか偏見やステレオタイプに伴う問題への対処が進まないなか、対象者の側に立った、その具体的な救いの道の提案は、多くの方々に読まれてほしい。また、本書で焦点が当てられているパフォーマンス向上にかぎらず、人と人との間のコミュニケーションといった人間行動の領域にもよい影響を及ぼしていくことを期待するものである。

ステレオタイプの科学　目次

1章 アイデンティティを持つがゆえの制約

1

わたしは黒人なんだ――。はじめてそう認識したときのことを、今もよく覚えている。七歳か八歳のときだ。明日から夏休みだと、わくわくしながら下校する道すがら、衝撃的な事実を知らされた。「黒人」の子どもは水曜の午後以外、公立プールを使えないというのだ。だからその夏、わたしたちは毎週水曜日になると隊列を組み、水着をきつく巻いたタオルを抱えて、聖なるプールへと歩いて行った。見慣れた地区を抜け、白人居住区に隣接するプールまでの巡礼の旅。それは一九五〇～一九六〇年代のシカゴ都市圏の人種秩序を象徴する光景だった。わたしにとっては心理学者ウィリアム・クロスの言うところの「遭遇」だった。人種に序列が存在するという事実との「遭遇」。どうやらこの序列は、わたしの人生に重大な影響を与えそうだった。これから一生、水曜日の午後しかプールに入れないのだろうか?　なぜ?

実際、プールの使用制限は始まりに過ぎなかった。しばらくして、黒人の子ども（その「遭遇」までは近所の子どもとしか認識していなかった）は、木曜の夜しかローラースケート場を使えないことがわかった。普通の人間として扱われるのは週の半ばだけ?　こうした人種隔離措置は無視できるものではなく、守らなければ苦い思いをすることになった。たとえば十三歳のとき、わたしはゴルフのキャディーに雇ってもらおうと、朝六時にゴルフ場に出かけていった。ところが一日中待たされた挙げ句に言われたのは、「ニグロは雇わない」の一言だった。こうした経験を通じて、わたしは自分が黒人であることを意識するようになった。黒人であるとはどういうことかは、まだはっきりわからなかったけれど、大変なことらしいことは薄々わかってきた。

今は、あのとき何が起きていたかわかる。わたしは人生の条件を学びつつあったのだ。あの時代にあの場所で黒人であるがゆえの条件。内容はごくシンプルだ。「水曜日の午後の巡礼に加われば、プールに入ることができる。それ以外のときに行けば、プールには入れない」。七〜八歳の子どもにとっては重大な条件だ。これが、ゴミ出しを忘れた罰として両親に科されたものだったとしたら、そんなに腹は立たなかっただろう。問題は、この条件が、わたしが黒人であることと結びついていたことだ。ゴミ出しなら、二度と忘れないように工夫もできるが、肌の色は変えられない。黒人であることが、プール使用制限の十分な理由とみなされるなら、この先どんな制限を課されることになるのだろう――。

何年も後、ある大学生（本書でのちに登場する）が同じような経験を話してくれた。「アフリカ系アメリカ人の政治学」という授業を履修したところ、教室は黒人などマイノリティの学生ばかりで、白人学生は彼を含む二人だけだった。彼は、そんな環境を生き抜くための条件を学んだ。もし、アフリカ系アメリカ人の経験について、無知や勘違いをさらすような発言をすれば、人種問題に鈍感……もっと言えば人種差別主義者とみなされる恐れがある。授業中に発言をしなければ、疑惑の目を向けられずに済む。わたしがプールの使用制限をきっかけに、自分が黒人であることを認識したように、彼はその経験から、自分の人種的アイデンティティ（つまり白人であること）を意識するようになった。

このような経験をすると、次々と疑問が浮かび上がってくる。他にも条件はあるのか。いくつあるのか。どのくらいの領域に及ぶのか。人生の重要な場面でも条件があるのか。避けることはできるのか。そのような条件を見落とさないよう、常に警戒していなければならないのか。

プールの使用制限を知ったとき、わたしは子ども心にとても不可解だと思った。いったい誰がそんな条件を決めたのか。だが今は、疑問の答えに少しは目星がついている。こうした条件は、その時代の社会の仕組みから生まれる。そして、こうした仕組みは、その土地の歴史と、その時代の個人や集団間の快適な暮らしや機会をめぐる競争を反映する。一九五〇年代末〜一九六〇年代初めのシカゴ都市圏の人種を取り巻く社会の仕組み（居住区の厳格な分離、事実上の学校の分離、雇用差別など）を見ると、当時そこに住む黒人には、アイデンティティと結びついた制約が数多く存在していたことがわかる。水曜日の午後のプール使用制限は、七歳か八歳のわたしには重大事だったが、全体としてみれば最も些細な条件の一つだったに違いない。

本書のテーマは、心理学者が**アイデンティティ付随条件**と呼ぶものだ。これは、ある状況下で、特定の社会的アイデンティティを持つがゆえに（年寄りだから、若いから、同性愛者だから、白人だから、男性だから、女性だから、黒人だから、ヒスパニック系だから、政治的保守派あるいはリベラルだから、双極性障害と診断されたから、癌患者だから、など）、対処しなければならない物事のことをいう。一般に付随条件とは、ある状況下で、ほしいものや必要なものを手に入れるために対処しなければならない物事を指す。わたしが子どもの頃のシカゴ都市圏では、黒人が泳ぎに行けるのは、水曜日の午後だけで他の日は我慢しなければならなかった。これが付随条件だ。「アフリカ系アメリカ人の政治学」を履修した学生は、無知をさらせば厳しい非難を受けるかもしれないという特別なプレッシャーを感じていた。これも付随条件だ。こうした付随条件が、特定の社会的アイデンティティを持つ人だけに該当する場合、それはアイデンティティ付随条件という。同じ環境にいても、その社会的アイデンティティに該当しない人は、こうした付随条件の影響を受けない。本書は、アイデンティティ付随条件が、わたしたちの人生、社会全般、そして極めて根深い社会問題において、どのような役割を果たしているかを明らかにする。

もちろん個人主義の時代で、自分の人生が社会的アイデンティティに大きく左右されるなんて、みな思いたくはないだろう。自分がそのアイデンティティを好きではない場合はなおさらだ。それに多くの人は、たとえ困難に直面しても、へこたれることなく嵐の中を突き進み、転んでも自力で立ち上がるべきだという信条を持っている。わたしもその一人であることを認めなくてはならない。しかし本書は、この信条に重要なただしがきを添えたい。すなわち、社会的アイデンティティは、人生の重要な事柄に大きな影響を与えうるということだ。重要な事柄とは、学校の成績や統一試験の成績、記憶力、運動能力から、実力を発揮するうえでのプレッシャー、さらには異なる集団に属する人と一緒にいるときの緊張レベルまで、一般に個人の才能や選択、モチベーションによって決まると考えられている多くの物事に及ぶ。

本書の目的は、あまり理解されていないこの社会的現実を明らかにすることだ。そうした現実を無視すれば（つまり、すべては個人の努力次第だという信条をのさばらせば）、個人の成功や成長、そして多様なアイデンティティのある社会や世界で、誰もが質の高い人生を送ることが妨げられる。また、アイデンティティがいまだに結果の平等に影響を及ぼしている現実を是正することも難しくなるだろう。

そして、アイデンティティ付随条件は、公立プールの使用制限のように、特定のアイデンティティを持つ人の行動を物理的に制限する場合もあれば、目に見えない脅威を感じさせることで、さりげなく（しかし同じくらい強力に）行動を制約する場合もある。

2

本書の中核をなすのは、アイデンティティ付随条件のなかでも、こちらは目に見えない脅威、**ステレオタイプ脅威**と呼ばれるものだ。これは誰もが経験するものだ。ステレオタイプ脅威は、間主観性（主観は単独の自我だけではなく、他者の認識ももとに成り立つものだという考え方）という人間の認識から生まれる。わたしたちは社会の一員として、同じ社会の人たちが特定のアイデンティティについてどんな固定観念（ステレオタイプ）を持っているかかなりよく知っている。あるアイデンティティ（高齢、貧しい、金持ち、女性など）について、「あなたが持つイメージをあげてください」と質問したら、多くの人が似通ったことを答えるだろう。このため、アイデンティティについてのネガティブなステレオタイプが、自分に当てはまりそうなとき、わたしたちはそれを察知することができる。「みんながどう思うか」を知っているのだ。そして、そのステレオタイプに当てはまることをすれば、「やっぱりね」と思われ、その認識に基づき自分が評価され、扱われる可能性があることを知っている。誰もが経験すると言ったのは、そのためだ。「忘れっぽい」とか「人に冷たい」など、誰もが何らかの形でステレオタイプ脅威を経験している。ひょっとすると一日に何回も。

それは、わたしが経験したプールの使用制限のように、アイデンティティと結びついた脅威でもあり、ステレオタイプが関係する状況では常に存在する。つまりステレオタイプ脅威は、ステレオタイプを持たれた集団に属する人に風船のようについてまわり、振り払うのは非常に難しい。

ここでニューヨーク・タイムズ紙のコラムニスト、ブレント・ステープルズの若い頃の経験を紹介しよう。アフリカ系アメリカ人のステープルズは、シカゴ大学の大学院で心理学を学んでいたとき、よく、学生らしいラフな格好で、キャンパスに近いシカゴのハイドパーク地区をぶらついていたという。彼はこう記している。

> わたしは恐怖を読み取るエキスパートになった。カップルはわたしを見ると、腕を組んだり、

手をつないだりした。道路の反対側にわたってしまう人もいた。すれ違う人たちは会話をやめ、前方に視線を集中する。まるでわたしと目が合ったら一巻の終わりだとでも言うように……。

わたしはバカだった。自分のことを死ぬほど怖がっている人たちに、「こんばんは」とでも言うように微笑みかけていたのだから。彼らにとって、わたしの存在そのものが暴力だったのに、どうしてそれに気がつかなかったのか……。

なんとか無害な存在だとわかってもらいたかったが、その方法がわからなかった。……そして人を避けるようになった。尾行されていると思われないように、適当な場所で脇道に曲がった。……やがて、緊張を解くために口笛を吹くようになり、自分がなかなか上手であることに気がついた。わたしの口笛はピュアで心地よい響きがした。音程も外れていなかった。夜、街を歩いているときは、ビートルズの曲やヴィヴァルディの『四季』を吹いた。するとそれを聞いた人たちの緊張が解けていくのがわかった。暗闇でわたしとすれ違うとき、微笑む人さえいた。

ステープルズは亡霊、すなわち自分の人種へのネガティブなステレオタイプと格闘していた。この地区の若い黒人男性は、暴力沙汰を起こしやすいというステレオタイプだ。人によって、あるいは状況によって、直面するステレオタイプは異なる（「暴力沙汰を起こしやすい」ではなく「数字に弱い」かもしれない）。しかしわたしたちを苦しめるものは同じだ。自分がそのステレオタイプに当てはまる可能性があるとき、少しでも間違ったことをすれば、自分もその一員とみなされ、それに沿った見方や扱われ方をされかねないという不安。これがアイデンティティ付随条件の一つ、ステレオタイプ脅威だ。

ただし、ステープルズが発見したように、それをかわす方法もある。彼は口笛でヴィヴァルディを吹いた。それも、本人の弁によれば、とても上手に。それは彼に何をもたらしただろう。彼自身の態度が変化し、知らない人に理解を示すようになったのだろうか。おそらくそうではない。口笛が変えたのは、ステープルズを取り巻く状況だ。これはステレオタイプ脅威の性質を非常にうまく説明するエピソードと言えるだろう。ステープルズは、口笛でヴィヴァルディを吹くだけで、「暴力沙汰を起こしがちな黒人男性」というステレオタイプが自分には当てはまらないこと、そして白人文化、とりわけ「高尚な白人文化」を知っていることを示した。彼とすれ違った人たちは、それがヴィヴァルディであることはわからなかったかもしれないが、クラシック音楽であることはわかった。そして彼を、「暴力沙汰を起こしがちな黒人の若者」ではなく、教養ある洗練された人間とみなした。一般に、暴力的な黒人の若者は、クラシック音楽の口笛を吹いたりしないものだ。人々は無意識のうちに、「暴力的」という色眼鏡を外してステープルズを見るようになった。「この人はそんなに怖そうに見えない。誰かは知らないけれど、不安を抱く必要はなさそうだ」と。こうして通行人の態度から不安が消えて、ステープルズの緊張も解ける。彼を怯えさせていたステレオタイプの霧は追い払われる。これは、単なる固定観念が、人間の行動に強力な影響を与えることを示すいい例だ。

本書は、こうした形のない無数のステレオタイプに囲まれて生きる経験（わたしたちの誰もが持つ経験だ）と、それがわたしたちの人生と社会に与える影響を検討する。

3

あなたが心理学の研究室の依頼で、一〇ホールのミニチュアゴルフをすることになったとしよう。また、あなたは白人大学生で、それなりにスポーツ好きだったとする。ゴルフクラブを手に取ろうとしたとき、これは「生まれつきの運動神経」を測定するミシガン運動適性検査（ＭＡＡＴ）の一環だと説明がなされた。さて、あなたはどのくらいのスコアを出せるだろう。運動神経を測定すると言われたことが、プレーに影響を与えるだろうか。

この実験を行ったプリンストン大学のジェフ・ストーン教授率いる社会心理学者のチームは、非常に興味深い発見をした。「運動神経を測定する」と言われた白人学生は、そう言われなかった白人学生よりも、ずっとスコアが悪かったのだ。どちらも同じくらい真剣に取り組んでいたのに、最終的なスコアは平均三打差がついた。

「自分の運動神経が測定される」と思うことの何が、これほど明確なスコアの差につながったのか。

これは彼らが白人であることと関係があると、ジェフのチームは考えた。本書の用語で言うと、運動神経が評価される状況で生じる、白人であるがゆえのアイデンティティ付随条件と関係がある。この付随条件は、白人は、少なくとも黒人と比べて運動神経が鈍いという、現代社会で広く知られたステレオタイプに由来する。白人学生たちもこの社会の一員である以上、このステレオタイプを知っている。そんなのは嘘だと思っていても、自分の集団に欠けていると言われる特性を測定する実験だと直前に言われて、動揺したのかもしれない。成績が悪ければ、そのステレオタイプが自分自身と、自分が属する集団の特性として正しかったと思われてしまうのではないかと。その不安が、何も告げられなかった学生と平均三打差がつくほど彼らを動揺させ、集中力を奪ったのかもしれない。

「白人は運動神経が鈍い」というステレオタイプと、ゴルフが下手だと「やっぱり」と思われてしまうかもしれないという脅威は、わたしの子ども時代のプール使用制限のように、該当者の行動に直接制約をかける付随条件ではない。ゴルフのプレーそのものに制約を加えるものではなかったし、物理的なハンディーを与えたわけでもない。それでもそれは、白人学生がゴルフをするうえでのアイデンティティ付随条件となった。「成績が悪ければ、不愉快なステレオタイプが正しいと証明することになるか、証明しているとみなされる可能性がある。成績がよければ、その人種的ステレオタイプが正しいと思われることはない」。これは、彼らが白人だからこそ対峙しなければならなかった、追加的なプレッシャーだ。脅威の霧は彼らにつきまとい、一度でもヘマをすれば、運動神経が鈍い白人の若者と決めつけられ、そのように扱われる可能性があることを示唆する（わたしの研究チームがこの種の目に見えない脅威を、「ステレオタイプ脅威」と呼ぶようになった経緯はあとで説明する）。

ジェフのチームはこの仮説に基づき、さらに多くの問いを設定した。

プリンストンの白人学生たちが、「ゴルフできみたちの運動神経を測定する」と告げられると、ステレオタイプ化される不安から集中力を失い、ゴルフの成績が悪くなったのだとすれば、黒人学生は同じことを言われても、ゴルフの成績にまったく影響はないはずだ。なぜなら黒人は、「運動神経が鈍い」というステレオタイプを持たれていないからだ。果たして、結果はそのとおりになった。ジェフのチームが、まったく同じ手順でプリンストンの黒人学生にも実験を行ったところ、運動神経を測定すると告げられた学生も、告げられなかった学生も、ゴルフの成績に違いはなかったのだ。

このことは、「運動神経を測定する」と告げられたとき、白人学生のプレーを動揺させたのは、「白人は運動神経が鈍い」という社会全般に存在するステレオタイプに由来する脅威だったことを、一段と示唆していた。

それでもジェフのチームは満足しなかった。そして自分たちの仮説が正しいことを証明する別の方法を考案した。

特定の集団に関するステレオタイプが、ゴルフのように具体的な行動に影響を与えるほど大きな脅威をどんな人にも与えるなら、黒人学生のゴルフに影響を与えるようなステレオタイプ脅威も設定できるはずだ。つまり、黒人に関するネガティブなステレオタイプを思い起こさせることを直前に告げるのだ。そうすれば黒人学生は、先の実験の白人学生のように、自分の集団に関するネガティブなステレオタイプをはねのけようとして、そのプレッシャーから実力を十分に発揮できなくなるはずだ。

そこでジェフのチームは黒人学生と白人学生を新たに集めて、ゴルフをやってもらう直前に、これは「スポーツ・インテリジェンス」を測定する実験だと告げた。黒人学生たちは、「黒人はさほどインテリジェント（知的）ではない」という、昔ながらの極めてネガティブなステレオタイプを当てはめられてしまうのではないかというプレッシャーにさらされる。パットを沈めるとき小さなミスでもすれば、知性の乏しい黒人青年と決めつけられるという不安が引き起こされる。これが巨大なアイデンティティ付随条件となり、彼らの集中力を削ぎ、プレーに影響を与えるという仮説だ。一方、同じことを告げられた白人学生は、ステレオタイプ脅威の影響を受けない。なぜなら白人は、知性が低いというステレオタイプを持たれていないからだ。

結果は劇的だった。今度は黒人学生がステレオタイプ脅威に苦しみ、白人学生はステレオタイプ脅威とは無縁だった。黒人学生のスコアは、白人学生よりも平均四打以上多かった。

ゴルフで運動神経を測定すると言われたときの白人学生と、ゴルフでスポーツ・インテリジェンスを測定すると言われたときの黒人学生が直面したアイデンティティ付随条件は、どちらもスイミングプールの使用制限のような物理的制約ではなく、目に見えない脅威だった。すなわち自分のゴルフの成績が、自分が所属する集団または自分自身に関するネガティブなステレオタイプを、その集団の特性として追認するか、追認したとみなされる恐れだ。たとえ物理的制約でなくても、この付随条件は大きな影響を与えた。普通なら二一〜二四打で終えられるミニチュアゴルフコースで、白人は三打、黒人は五打も多く要したのだ。

一見したところ、ステレオタイプ脅威のような「形のないもの」は重要ではないと思われるかもしれない。だが、よく見ると、この脅威がわたしたちの人生にしつこくつきまとっていることは明白だ。シカゴ大学の大学院生だったステープルズは、近所を歩くたびにそれと戦わなければならなかった。白人スポーツ選手は、試合のたびに（とりわけ黒人選手が相手のときは）、それと対峙しなければならない。黒人選手が大勢を占めるスポーツの白人選手を考えてみるといい。たとえば、黒人選手が圧倒的に多いＮＢＡ（全米プロバスケットボール協会）で成功するためには、白人選手は一生にわたり、人種に基づくステレオタイプ脅威と戦わなければならない。一つ優れた成績を残しても、ステレオタイプはなくならない。またすぐに、浮上してくる。それが間違いだと証明するには、とてつもない努力が必要だ。

だが、本書の目的は、ステレオタイプ脅威が強力でしぶといため、克服は不可能だと証明することではない。その反対だ。本書が目指すのは、きちんと認識されていないけれど、ステレオタイプ脅威は個人と社会の最も厄介な問題の一部に寄与していること、しかし現実的な対策を講じると、劇的な変化をもたらす可能性があると示すことだ。

4

今度は、運動能力ではなく、学業成績にステレオタイプ脅威が与える影響を考えてみよう。あなたが属する集団が、「数字に弱い」というステレオタイプを持たれているとしよう。つまりアメリカ人女性だ。そして、難しい数学の問題を解く実験に参加することになったとしよう。

「女性は数字に弱い」というステレオタイプは、テストの結果に影響を与えるだろうか。あなたはそんなステレオタイプをはねのけて、優秀な成績を収められるだろうか。それとも、ステレオタイプをはねのける努力が、あなたから集中力を奪い、試験の結果にマイナスの影響を与えるだろうか。あなたは周囲に男性がいる状況で、難しい数学の問題を解こうとするたびに、このステレオタイプ脅威を経験するのだろうか。そしてそのことにフラストレーションを感じて、大学で理系学部を専攻することや、数学が関連する仕事に就くことを避けようとするだろうか。女性が数学能力についてネガティブなステレオタイプを持たれていない社会では、女性がこのステレオタイプ脅威を経験することはないのか。その場合、女性たちのテストの成績はもっといいのか。

あるいは、あなたが属する集団が、数学だけでなく学業全般に弱いというステレオタイプを抱かれているなかで、SAT（大学進学適性試験）を受けることになったとする。あなたがアイデンティティ付随条件として経験する「学業に弱い」というステレオタイプ脅威は、試験の結果に影響を与えるほど大きいだろうか。それは、ステレオタイプ脅威をはねのけようとするあまり、試験に集中できなくなることにより起きるのか。このステレオタイプ脅威は、通常の学業成績や、自分とは異なる集団に属する教員や学生との関係にも影響を与えるのか。そのフラストレーションは、職業選びにも影響を与えるのか。

本書の目的は、この二〇年間、わたしが仲間たちとこうした問いを設定し、答えを探してきた道のりを描くことだ。それは謎解きのようなプロセスだった。だから本書は、この謎解きがどのように展開し、それとともにわたしたちの仮説や発見がどのように進歩したかをたどれる構成にした。また、ステレオタイプが知的能力やストレス、さらには異なる集団との交流にまで影響を与えること、そして、こうした影響が実に驚くべき戦略によって緩和できて、最悪の社会問題をも解決できる可能性があることも説明する。この研究に関わった多くの人々と、その手法も紹介していく（科学というのは、もはや単独でなしえるものではないのだ）。また、ステレオタイプ脅威を経験した多くの興味深い人々も登場する。著名ジャーナリストから、パリ在住のアフリカ系アメリカ人、ノースカロライナ州農村部で小作農から富豪になった人物、アメリカの名門大学の学生たち、そしてアメリカで最も困窮する学校の学生たちまで、多岐にわたる人々だ。

本書は、政治的色合いを帯びた問題にも触れている。しかしそこにイデオロギー的な意図はない。社会心理学者として最初に学ぶことの一つは、誰もがバイアスを持っていることだ。わたしたちは全能ではないし、一〇〇％客観的でもない。そんなことは不可能だ。世界に関する人間の理解と見解は不完全であり、それぞれが生きる環境の影響を受けている。だからこそ、科学が意義を持つのだ。科学は、わたしたちからバイアスを取り除いてくれるわけではないが、バイアスを抑えながら、わたしたちの理解を広げてくれる。仮説と調査結果の間を何度も行き来すると、自分のバイアスと繰り返し向き合うことになる。そして、そのプロセスにおいて同じくらい重要なのは、当初の仮説や考察を超えた現実が見えてくることだ。それは研究の新たな方向性を示してくれる。わたしの確信は、過去の思い込みではなく、この種の発見から生まれたものだと思うし、本書で、その発見のプロセスをお見せできたらと思う。

研究の過程で、いくつかの大きなパターンが何度も繰り返し現れた。それはわたしに、ステレオタイプ脅威が人生に与える影響が、思っていた以上に大きいことを確信させてくれた。

そのパターンとは、まず、人間は自分を自律的な存在だと思っているが、実のところステレオタイプ脅威によって、仕事での成果や学校での成績から、職業や友人の選択まで大きな影響を受けていることだ。世界的な白人陸上選手が、オリンピック出場選考大会で百メートル走のスタートラインについたとき、彼の自律性は隣のレーンの黒人選手のそれと変わらない。また、どちらも、ほぼ同じコンディションのトラックを前にしている。それでも、その状況で白人選手が実力を発揮するためには、黒人選手にはない人種的アイデンティティと結びついたプレッシャーを克服しなければならない。

第二のパターンは、かなり前から明らかになっていたことだが、ステレオタイプ脅威とそれが人間の機能に与える影響は、わたしたちの社会の最も重要な問題のいくつか（たとえば人種や階級やジェンダーによる学力格差や、こうした集団間の緊張）で重要な役割を果たしていることだ。

第三に、ステレオタイプ脅威が、わたしたちの脳の能力配分や活動パターンにまで影響を与え、学業やスポーツや仕事にダメージを与える仕組みがわかった。つまり、ステレオタイプ脅威が影響を及ぼすプロセスについて、統一的な理解らしきものが生まれてきた。

第四に、こうした脅威の影響を抑えるために、わたしたちが個人としてできること、そして学校や職場での影響を抑えるために社会としてできることが明らかになってきた。これに関しては、本当に心強い発見があった。学校や教室で実行できる小さな工夫をすることで、わたしたちの社会の残念な特徴である人種やジェンダーによる学力格差を劇的に縮小できる証拠が集まってきたのだ。

こうした発見からわたしは、ステレオタイプ脅威が個人の成長（成績や業績、集団での人間関係といった重大な事項）と、社会の進歩（アイデンティティが融合された市民生活と機会の平等を実現するというこの社会が始まって以来の夢）に与える影響を理解することは重要だと確信した。本書は、わたしと同僚たちが、この確信を得るまでの道のりを描いている。

それでは旅を始めよう。すべてが始まった一九八七年ミシガン州アナーバーから。

2章 アイデンティティと成績の不可思議な関係
「女性は数字に弱い」という刷り込み

1

一九八六年の春、ワシントン大学シアトル校の心理学教授だったわたしのもとに、ミシガン大学から魅力的なオファーが舞い込んだ。わたしは大喜びした。ミシガン大学には、社会心理学の分野で全米有数レベルの大学院があった（今もそうだ）からだ。そのオファーには、研究活動以外の仕事も含まれていた。マイノリティ学生の学習支援プログラムを指導することだ。わたしはこれにも魅力を感じた。そもそもわたしが社会心理学者になろうと思ったのは、マイノリティ学生が抱える心理的な問題に関心があったからだ。だが、心配もあった。学習支援プログラムを運営するために、研究活動をどのくらい犠牲にしなければいけないのか。この疑問を明らかにするため、わたしはミシガン大学に二度足を運んだ。

二度目の訪問は、真夏の太陽が地面に反射して、息苦しいほど蒸し暑い七月末だった。このとき、ミシガン大学の学習支援プログラムがいかに大規模なものかわかった。四〇〇人以上の学生にさまざまな助言をし、学習指導を行い、奨学金給付などの相談に乗るのだ。しかもそれは、学生数三万六〇〇〇人の大学の巨大な事務組織の一部に組み込まれていた。

とても引き受けられないと、わたしは即座に断った。これを引き受けたら、研究活動を断念しなくてはいけない。それは嫌だ。しかしシアトルに帰る飛行機の中で、自分の中で何かが変わったことにも気づいた。学習支援プログラムを見たことで、わたしの関心が再編されたのだ。ミシガン大学で見たことは、伝統ある機関が人種、民族、階級の統合にもがいているという意味で、アメリカ全体の奮闘を象徴している気がした。担当教職員はみな、使命感に燃えていた。ミシガン大学の一七〇年の歴史で、人種統合が始まったのは、つい二〇年ほど前のこと。そんななかで、それまで見下されていた集団に属する学生たちが、厳しい大学生活で実力を発揮できるよう手助けをしていたのだ。わたしは自分の研究生活が、それまでとは異なる方向に動き始めているのを感じた。

　そこには二つの理由があったと思う。第一に、そのミシガン大学の訪問で、マイノリティ学生の成績不振という全米の大学で見られる現象について、俯瞰的な視点を得ることができた。それまでのわたしは、多くの教授と同じように、原因はもっぱら学生本人のやる気や生い立ちにあるのではないかと考えていた。本人がどのくらい教育に価値を置いているかとか、勉強の習慣、基礎学力や知識の量、家族がどれほど成績を重視しているかといったことだ。

　心理学者のエドワード・ジョーンズとリチャード・ニスベットは、人間の行動（たとえば成績不振）を説明する試みは、「観察者の視点」と「行為者の視点」のどちらを取るかで、大きく異なると指摘している。観察者の視点を取ると、その視界に入るものは、物理的にも心理的にも観察対象（行為者）に限定され、行為者が何に反応して、そのような行動を取っているのかは目に入らない。その結果、行為者を取り巻く環境ではなく、行為者の特徴や特性に基づく説明をすることになる。わたしもそうだった。マイノリティ学生と彼らの成績不振を、観察者の視点で見て、学生たちの生活や特性に、成績不振の原因を見出そうとしていたのだ。

だが、ミシガン大学訪問時、マイノリティの学生たち、つまり成績不振の当事者（行為者）たちと話をして、自分の説明が的外れであることに気がついた。どんなにあからさまに話を振られても、彼らは、自分への期待ややる気、家族が教育をどのくらい重視しているかには、まったく言及しなかった。もっぱら、有名大学の学生であることの誇りや、家族が誇りに思ってくれていること、高校時代は優秀だったことを話すばかりだった。たとえ自分に対する期待値が低くても、それをわたしに見せることはなかった。彼らは自分を取り巻く環境についても話してくれた。大学という小さな社会でもマイノリティであると実感していること、それを感じさせない場所がほしいこと、教員助手や他の学生、そして教授陣までもが、自分のことを「学力が乏しい」と思うのではないかという不安。さらに彼らは、教室の外での生活が、人種と民族と社会階級によって分断されていることも話してくれた。その分断を超えた親しい友達はほとんどおらず、黒人のスタイルや好みや関心は、キャンパスで無視されるか、ダサいと思われている気がすると言った。黒人などマイノリティの教授陣が少ないことも指摘していた。

それらは言い訳だったのかもしれない。でも、彼らは真摯で、事実をありのままに話しているように見えたし、非難がましくもなかった。ただ、自分はミシガン大学にふさわしくないのではないかと心配していた。

その訪問が、その後のわたしの研究に大きな影響を与えた二つ目の理由は、そのとき見たグラフが、重要な事実を垣間見せてくれたことだ。黒人学生の成績不振は、必ずしも基礎学力やモチベーションが低いせいではないらしいのだ。

そのグラフは、学生の在学中の成績の推移を、入学時のSATの点数グループ別に示していた。それによると、SATの成績がよかった学生は、大学での成績も比較的いい。このこと自体は驚きではない。SATは大学の成績を予測するツールとして設計されているからだ。問題は、この点数グループを人種別にすると、黒人学生の成績が、同じ点数グループの他の学生の成績を一貫して下回っていたことだ。**つまり黒人学生は、基礎学力が同レベルの学生と比べて、その基礎学力が大学の成績に十分反映されていなかった。**何かが、黒人学生が実力を発揮するのを妨げていたのだ。

ミシガン大学への旅は、新たな疑問を生じさせると同時に、それを解くためのヒントもくれた。まず、ミシガン大学の黒人学生の成績不振は、必ずしも基礎学力の不足が原因ではない。これには確かな証拠があった。むしろ社会的・心理的側面が関係している可能性が高かった。たとえば、黒人学生たちは、ミシガン大学への帰属意識を感じられずにいた。かつてキング牧師は、人種隔離が撤廃された学校で、黒人学生たちが「自分を愛してくれる」人に教えてもらえるとは限らないと言ったが、ミシガン大学の学生たちはまさにそれを心配していた。わたしはシアトルに帰る飛行機で、黒人学生の成績と大学への帰属意識の間に、何か関係があるのだろうかと考え込んだ。

2

翌年、ミシガン大学はあらためてわたしに心理学教授のポジションをオファーしてくれた。自分の関心のある研究テーマを追究するチャンスだ。わたしはワクワクした。ミシガン大学に行けば、重要で興味深いテーマに出会えるとわかっていたからだ。

ありがたいことに、家族はわたしに理解を示してくれた。一九八七年秋、わたしたちは住み慣れた街を離れて、ミシガン州アナーバーへと引っ越した。二人の子どもは一〇代だったが、新学年とアメリカンフットボールのシーズンにギリギリ間に合うタイミングだった。

まるでそのときを待っていたかのように、黒人学生の成績不振を示すグラフが、再びわたしの前に現れた。大学の「マイノリティ学生維持・獲得委員会」の初会合で、参考資料として配られたのだ。そもそも、そのグラフが示している問題が、この委員会が設置された最大の理由だった。

わたしは、やはりミシガン大学の社会心理学者で、「行為者と観察者の視点」を説いたリチャード・ニスベットと、この問題について話し始めた。ニスベットは会話の達人で、会話をヒントに科学的な問いを思いつき、他の問いと結びつけて、一つの仮説を導き出すのがうまかった。問題にあたるときは、まず、それが現実の世界でどのような役割を果たしているか考える。関係者に直接話を聞くときもあれば、電話で聞くときもある。そのうえでデータにあたり、幅広い文献に目を通す。

最後に、本格的な実験をして仮説を検証し、その現象をさらに分解して仕組みを考える。一つの理解を三角測量するのだ。わたしはすぐに実験をしたがるタイプだが、ニスベットのアプローチに感銘を受けて、その衝動を抑え込んだ。

　こうしてわたしは、学生たちの話を聞き続けた。成績不振をテーマとするセミナーも開催した。すると、そのセミナーに参加した学生たちが、思いがけない事実を教えてくれた。彼らはキャンパスで黒人と白人の学生に声をかけ、異なる人種の親しい友達が何人いるかを聞く調査を行っていた。まず、アンケートの一ページ目で、最も親しい友達六人の名前を書いてもらい、最後のページで六人の人種を書いてもらった（最初は人種を意識せずに、六人を選んでもらうためだ）。その結果、黒人学生も白人学生も、最も親しい友達六人中、異なる人種は平均一人未満だった。黒人学生の場合、六人のうち白人は平均〇・六人だった。その前年に学生たちが教えてくれたように、学生生活は人種で分かれていたのだ。

　わたしは学生たちの成績の追跡調査も続けた。残念なことに、黒人学生の成績不振は英語から数学、心理学まであらゆる科目に共通して見られた。ただ、研究文献を読み進めると、これはミシガン大学だけでなく全米で見られる現象であることもわかった。しかも大学から医科大学院、法科大学院、経営大学院、さらには、しばしば幼稚園から高校まで、つまり教育システム全体で見られる現象だった。まるで何かの法則があるのではないかと思うほどだ。だが、統一テストの運営業者は、ずっと前からこの現象に気づいていた。この現象が黒人以外の集団にも見られることも知っていた。

ヒスパニック系、アメリカ先住民、大学で上級数学を履修する女子学生、そして法科大学や医科大学院、および経営大学院の女子学生にも起こっていたのだ。

理由はいくつも考えられた。その多くは観察者の視点から得られたものだ。たとえば、「このような学生は、難度の高いクラスで好成績を取るためのモチベーションやノウハウや基礎学力が不足している」という説明。あるいは、「文化的な理由から自尊心が低いために、あるいは家族やコミュニティからの期待値が低いために、自滅的な行動を取ってしまう」という説明。これらは不快な説明かもしれないが、ありえない話ではなく、可能性として残しておく必要があった。だが、わたしは腑に落ちなかった。これほど多くのレベルとタイプの学校で、これほど多くの集団の成績不振を説明できる理由と言えるだろうか。

同時にわたしは、こうした成績不振が、学校での経験と、想像以上に結びついているのではないかという疑念も払拭できなかった。何かが彼ら（最も優秀な学生でさえ）の能力に影響を与えて、期待に反する成績を取らせていた。キャンパスに存在する目に見えない何かが、問題の一部のように思えた。

3

数年後、わたしはアメリカ北東部にある、小規模だが名門に数えられるリベラルアーツ大学の講演会に講師として招かれた。このとき、マイノリティ学生（一九九〇年代初めの当時、それは基本的に黒人学生を意味した）についての相談も受けた。同じような相談は、その後多くの大学でも受けるようになり、わたしはそのたびに多くのことを学んだ。そして問題の新たな側面に気づかされた。

この大学への出張は、とりわけ興味深かった。黒人学生のグループと教職員のグループと立て続けに話をした結果、まったく異なる視点が明らかになったからだ。

教職員は、黒人学生が抱える問題を心配していた。成績不振や高い中退率、在学中に卒業後の進路をレベルダウンさせる傾向、理系分野を避ける傾向、キャンパスライフに溶け込まない傾向、人種的に分断された友人関係など、ミシガン大学の学生維持・獲得委員会の懸念とほぼ同じだ。

教職員との話し合いは、ライトメープルの壁板がはめこまれた小さな会議室で行われた。部屋の一面は全面ガラス張りで、初春の温かい太陽の光が差し込むなか、ところどころ雪が残る森を一望できるようになっていた。会合の雰囲気は終始友好的で、温かみが感じられる一方で、真剣かつ慎重で、信頼できる大人同士の会話という雰囲気だった。ただ、彼らは忙しかった。黒人学生の問題は、この名門大学で唯一の懸念ではなかったのだ。

大学側は主に「観察者」の視点から問題を理解しようとしていた。入学審査に問題があるのか。もっと基礎学力を重視すべきなのか。一番重要なのは家庭環境なのか——。彼らはまだ、マイノリティ学生の成績不振は、全米で見られる現象であることを知らなかった。そして成績不振の理由が、学力的なものだけではないことを信じられなかった。そのミーティング中、わたしはあるものの存在を感じていた。まるで部屋の隅で炎があがっているような感覚だ。それは、人種差別的とみなされる対応を取ってしまうのではないか、あるいはそうした行為を大目に見てしまうのではないかという教職員たちの強烈な不安だった。それは彼らが決して近づきたくない、焼け付くような炎だった。だから彼らは、わたしに教えてもらいたがっていた。どうすればいいのか、と。

黒人学生たちもひどく苦しんでいた。彼らの話を聞いたのは、学友会館の一階の、学生支援室兼ミーティングルームに改造された天井の低い部屋だった。多くの学生が集まっていた。おそらく七五人くらいいただろう。この小さなキャンパスではかなりの数だ。彼らはわたしの話も聞きたがってはいたが、まずは自分たちの話をしたがった。大学での経験やストレスを話したがった。自分は場違いなのではないかと思うことがあまりにも多く、幸せな気分になることはほとんどなく、週末に実家に帰ることも多いという。なぜなのか。

この大学には人種差別的な側面があるという指摘もあった。黒人学生たちは、教員助手とのいさかいや、教授や白人学生のコメントを引き合いに出した。だが、しばらくその話を聞いて、もっと彼らの立場からその経験を見られるようになると、つまり「行為者」の視点を取れるようになると、黒人学生の不満の最大の原因は、キャンパスライフが人種別に分断されていることだとわかってきた。

彼らは、文字どおりマイノリティ（少数派）として疎外感を覚えていた。誰と何が「クール」かといった概念や、基本的価値観や社会規範、好み、服装、美しさの概念、音楽の好み、さらには宗教的な表現といったキャンパス・カルチャーは、人数が最も多く、歴史的に大学のイメージと一致する白人に支配されていた。そこに自分たちの居場所はあるのかと、黒人学生たちは心配していた。ありのままの自分の価値が認められる場所、社会的に望ましい存在と見てもらえる場所はあるのか。この疎外感は、人数の差が原因だった。白人の文化的優位は、白人の学生数が圧倒的に多いことに由来していたのだ。

友達関係や学生生活も、おおむね人種別に分かれていた。同じ人種同士でつるみたがるという意味では、黒人学生側にも原因があった。ただし、そのような交友関係が、どのようなマイナスの影響をもたらすかは、薄々わかっていたようだ。たとえば、アメリカ人の八五%以上は、知り合いのつてで仕事を得る。同じ人種の友達とばかりつるんでいると、重要なネットワークやチャンスを逃してしまう恐れがある。また、黒人学生たちは、大学に黒人教職員が少ないことも指摘した。これは黒人学生の成績不振や、大学への帰属意識を持てないことと関係しているのだろうか。

社会学者のウィリアム・ジュリアス・ウィルソンは、アメリカ北部の都市に大規模な黒人のゲットーが生まれ、維持されてきた背景には、複数の要因が「集中」したためだと説明している。たとえば長年にわたる南部から北部への黒人の移住、予算不足で劣悪な公立学校、よその街や外国への雇用流出、雇用差別、地理的・社会的孤立などだ。こうした要因が重なって、ゲットーの住民は「下層化」(哲学者のチャールズ・ミルズの表現)され、不利な立場に置かれ、自らの権利のために主体的な行動を十分取ることができなくなるという。

その大学は、人種的なゲットーではなかったし、黒人学生を「下層化」していたのは、雇用や差別のような一般的な要因ではなかった。だが、学生たちの話を聞いていると、「要因の集中」は、彼らの成績不振の原因を解き明かす助けになりそうだった。なにしろその現象は、一般的な要因では十分な説明がつかないように思われた。黒人学生は、教授陣や白人学生による人種差別を指摘したが、それは規則上許されないことだったし、差別があったとしても黒人学生の成績不振ほど広範ではなかった。

黒人学生のモチベーション不足や文化的欠落が原因とも考えにくかった。そもそも彼らは、トップレベルの成績を取ってきたから、白人が大多数を占める大学に入学を認められたのだ。それよりも、要因の集中が彼らの成績不振に関係しているように見えた。人種的な疎外感、人種的に分断された学生生活や勉強のネットワーク、キャンパスの重要な役割における黒人の代表の少なさ、履修科目の人種構成など、キャンパスライフにおける人種的な要因が重なっていた。それらの要因はある意味で、人種別に構成された社会全般を反映していた。

この説明はもっともらしく思われた。だが依然として、失業率や奨学金給付の格差のようにデータに基づく証拠ではなく、社会を構成する側面に過ぎなかった。それがどのくらい悪影響を及ぼしうるのか。黒人学生は、人種的逆境には「二倍の努力」で立ち向かうという価値観を植え付けられてきた可能性が高い。そんな彼らが成績不振に陥るほど、要因の集中は強力になりうるのだろうか。

4

一九六八年四月四日、マーティン・ルーサー・キングが暗殺された。その翌日、アイオワ州の小学校教師ジェーン・エリオットは、三年生の子どもたちにキングの人生と功績をどう説明したものかと頭を悩ませた。アイオワ州ライスビルは農村地帯で、住民は極めて均質で、多くの生徒は黒人を見たことがなかった。そこでエリオットは子どもたちに差別を体験させるために、茶色い目の生徒のグループと、青い目の生徒のグループにクラスを分けた。一日目、彼女は茶色い目の生徒たちを差別的に扱った。首にフェルトの襟をつけさせて、目の色を見なくても差別対象であることがわかるようにした。そして、青い目の子たちは、茶色い目の子たちよりも賢くて、清らかで、行儀もいいとほめた。青い目の子たちを教室の前方に座らせ、休み時間には優先的に校庭の遊具を使わせた。青い目の子たちに教科書や教材を先に選ぶ権利を与えた。また、授業中も休み時間も、茶色い目の子たちとは関わらないよう言い聞かせた。のちに、この試みは再現され、ＡＢＣテレビのドキュメンタリー番組『嵐の目（The Eye of the Storm）』として放送された。

この再現時でさえ、茶色い目の生徒たちは初日、動揺した表情を見せた。屈辱感を味わわされ、校庭では身を寄せ合い、コートの襟を立ててテレビカメラから顔を隠そうとした。授業中はほとんど発言せず、授業が終わってもほとんど口をきかなかった。他方、青い目の生徒たちはリラックスして、ハッピーで、いつもどおり授業に参加していた。

二日目、エリオットは、序列を逆転させた。今度は青い目の生徒たちにフェルトの襟をつけさせ、前日茶色い目の子どもたちにしたのと同じように扱った。青い目の生徒たちは前日のエネルギーを失い、前日の茶色い目の子どもたちのように、身を寄せ合い、うつむいていた。これに対して、茶色い目の生徒たちは、活発に授業に参加するようになった。

このドキュメンタリーには、エリオットの実験が生徒たちの知的能力の発揮に影響を与えたことを示すシーンがいくつかある。差別されている子たちは算数やスペリングの出来が悪い。授業に注意を払わない。なるべく目立たない後ろのほうに引っ込もうとし、話しかけられなければ口を開かない。先生に言われたことを覚えておらず、反応も鈍い。多くの問題を間違える。ところが差別されていない日は、同じ生徒たちが、活発で熱心で優秀な生徒になる。まるで、環境と、そこでの地位が、生徒たちの能力の一部であるかのようだ。

エリオットは、意図的に生徒たちを「下層化」する仕組みを作ったわけだが、わたしが訪問した大学に、そんな仕組みはなかった。それどころか大学側は、黒人学生を迎え入れることに、熱心に取り組んでいると自負していた。だから、成績不振がなくならないことにとまどっていた。わたしはその後何年もかけて、集団的な成績不振について研究し、その過程で無数の学生の話を聞いたすえに、二つの仮説を持つにいたった。第一に、アメリカの多くの高等教育機関がそうであるように、この大学は、一般社会と自らの伝統的な社会構造を受け継いでいて、それが黒人学生に下層化の圧力をかけている可能性があったということだ。その圧力はパワフルなものだが、伝統的な偏見や人種差別の枠組みにおいても、学生の能力不足との関係においても十分理解されていなかった。第二に、こうした下層化圧力は、**知的能力**の発揮に、直接および間接に影響を及ぼす可能性がある。つまり下層化圧力が学生の成績不振を引き起こすパワーを持っている可能性があった。

5

この頃、わたしはミシガン大学の大学院生スティーブン・スペンサー（現在はウォータールー大学の特任教授だ）と研究活動を開始していた。ミシガン州の農場で育ったスティーブンは、エネルギッシュで、情熱的で、何かをやるとなったら徹底的に打ち込むタイプだ。心理学について語るのが大好きで、頭の回転が速いキレ者だった。わたしたちは、「自分は何かについて適性があると思っている人が、その認識を脅かす情報に接したとき、いかにしてその認識を維持するか」という問いに取り組んでいた。「そんなことはない。自分はやっぱりこの適性がある」と思おうとする努力は、その人が自分の信念や思い込みを見直し、自己への理解を再構成する（ときにはそれが成長を促す場合もある）ような精神的な営みの原動力になると、わたしたちは考えた。そしてこの理解を、「自己肯定化理論」という理論としてまとめあげていた。ワシントン大学時代はこの他にも、アルコールの薬理作用と心理的効果が、実のところアルコール中毒を悪化させるという理論の構築にも力を注いでいた。どちらも同じくらい興味深くて夢中になれる、楽しい研究だった。スティーブンとわたし、そしてロバート・ジョゼフス（やはり当時は大学院生で、現在テキサス大学の特任教授）はともに、両方の理論に大きな進歩をもたらした。

だが、どういうわけかミシガン大学に来てからは、マイノリティの成績不振問題がわたしの頭から離れなかった。わたしがあまりにいつもその話をしているので、ついに（そして期待どおり）スティーブンも、この問題に夢中になり始めた。

科学研究のプロセスには一定のルールがあると思われがちだが、実際には、研究者が手探りで決めなくてはいけないときがある。そのとき役に立つのは、直感と考え抜かれた推測だ。わたしたちは特定の集団の成績が振るわない原因を、もっとよく探る必要があった。わたしの直感では、原因は学校で経験するスティグマ（社会的な烙印）、すなわち下層化圧力のように思われた。もちろんその集団自身に、何らかの問題がある可能性もあったが、わたしはスティグマ説を気に入っていた。ある集団の成績不振は生物学的な特質が原因だという説は、悲観的で人間味がない気がしたのだ。それに学校における成績不振は、黒人だけでなくヒスパニック系、アメリカ先住民、上級数学を履修している女子学生など、複数の集団で見られた。このすべての集団に共通する、成績不振を引き起こす生物学的問題などありうるだろうか。可能性はゼロではないかもしれない。しかしこれらの集団は、スティグマを与えられるという共通の経験を持っているのではないか。もちろん形は違うだろう。だが、彼らの成績が振るわない領域で、その集団に対する何らかのスティグマが存在するのではないか。もちろんこれも推論に過ぎない。だが実験で確かめるときが来たと、わたしは判断した。

この実験のためには、ジェーン・エリオットの教室のような環境を作る必要があった。そして、ある集団がスティグマを与えられているときの知的能力と、スティグマを与えられてない時の知的能力を比較する。青い目の生徒たちが特別な襟をつけて、教室の後方に座らされていたときの成績と、襟を着用せずに前方に座っていたときの成績を比較するように。もしスティグマを与えられているときの成績は振るわず、スティグマがないときは実力を発揮できるなら、スティグマを与える(社会的地位を下げる)だけで、知的能力にダメージを与えられる証拠を手に入れたことになる。

ほどなくしてわたしたちは、この種の環境がごく身近な場所、つまり大学の教室に存在することに気がついた。理系の女子学生と文系の女子学生とでは、大学の教室での経験は大きく異なっていた。数学、とりわけ大学レベルの上級数学を学ぶ女子学生は、社会学者のナンシー・ヒューイットとエレーン・セイモアが言うところの「冷淡な雰囲気」を経験する。彼女たちは、女性であるがゆえに、自分の能力や学問への本気度を疑われていること、常に実力を証明しなければならないこと、卒業後のキャリアに疑念を持たれていることなどを、ひしひしと感じている。ところが文系のクラスでは、たとえ上級クラスでも、女子学生がこうしたプレッシャーを感じることは少ない。

このときスティーブンとわたしが注目したのは、非常に日常的な環境で実験ができるということだった。

たとえば、上級数学（女子学生が「冷淡な雰囲気」のなかで強いスティグマを感じる）と、上級英語（女子学生がさほどスティグマを感じない）の女子学生の成績を単純に比較することができた。スティグマを与えられた人は知的能力の発揮を妨げられるなら、上級数学の女子学生の成績不振は、上級英語の女子学生の成績不振より大きなものになるはずだ。つまり上級英語よりも、上級数学のほうが、男女の成績格差は大きなものになるだろう。

集まったデータは完璧とは言えなかった（匿名性を守るため、学生の氏名はＩＤ番号に置き換えられたことを書き添えておく）。上級数学のクラスには女子学生がほとんどいなかったし、ＳＡＴの点数を入手できなかったために、調査対象から外さなければならない学生もいた。

それでもわたしたちは、ジェーン・エリオットの教室で起きたのと酷似したパターンを観察できた。女子学生は、スティグマを感じると思われる上級数学のクラスで、成績不振に陥る傾向がある一方で、スティグマがあまりないと考えられる上級英語のクラスでは、成績不振は認められなかったのだ。

現実の教室で、能力が高く、やる気もある学生の成績不振を目にするのはつらい。しかし少なくとも、どのような場合にそれが起き、どのような場合に起きないかのパターンがわかったことは、原因を探る手がかりになった。そしてそのパターンには、スティグマと知的能力の関係を探れと、わたしたちが向かうべき方向を示していた。

ただ、データの質は高くなかったし、異なる解釈も可能だった。ひょっとすると、英語のクラスの男子学生は、数学のクラスの男子学生ほど科目に対して高い関心がなく、そのせいで女子学生との成績の差が大きくなかったのかもしれない。あるいは単純に、英語の課題は、数学の課題よりも難度が低く、全学生が高い成績を取れたのかもしれない。現実の大学の教室では、多くの要因が働いている可能性がある。

もっと精密な方法で、スティグマが知的能力に与える影響を調べる必要があった。もしその影響が本物で、研究室で確実に再現できるなら、その手法を使って、他の重要な疑問も調べられるかもしれない。たとえば、影響を強くする要因は何か。スティグマの何が知的能力の発揮を妨げるのか。その影響を受けやすい人と、そうでない人がいるのか。スティグマを与えられた集団全員が影響を受けるのか、それとも一部なのか。知的能力以外の能力にも影響を与えるのか。本人にとって重要でない領域でも影響があるのか。それとも重要性の高い領域でだけ見られるのか。そしてなにより、そのスティグマを取り除くにはどうすればいいのか、ということだ。

わたしたちは、教室での状況を研究室で再現することにした。まず、ミシガン大学で数学を得意とする男子学生と女子学生（SATの点数が同期生のトップ一五％以内で、二つの微積分のクラスでB以上の成績を取っており、個人的にも将来のキャリアのためにも数学が重要だと考えている学生）の協力者を探した。基本的に一年生と二年生だ。これでまず、数学の基礎学力が高く、数学に力を入れている学生集団を確保できた。そして彼らを一人ずつ研究室に迎え入れ、非常に難度の高い知能テストをやってもらう。これが実験の基本的な設定だ。

その上でバリエーションを加える。被験者の半分にはスティグマを与えて、残りの半分はスティグマのない状態でテストを受けてもらった。

さらに、テスト科目を数学と英語の二種類にして、被験者の半分には数学、残りの半分には英語のテストを受けてもらった。いずれも、GRE（大学院進学適性試験）の数学または英語のテストで、解答には相当な知識が必要だ（GREのなかでも総合テストではなく、より難度の高い科目別テストを使った）。

わたしたちの仮説は次のようなものだった。「女性は数字に弱い」というネガティブなステレオタイプが存在するため、女子学生は難しいテストを受けるとき、自分が女性であるがゆえに、自分の数学能力は高くないとみなされるリスクを負っている。こうしたフラストレーションは基本的にスティグマを補強する。

これに対して男子学生の場合、集団として、数字に弱いというステレオタイプは存在しない。個人的には数学が苦手で、それゆえテストにフラストレーションを感じる学生もいるかもしれないが、それは「男だから数字に弱い」ことを意味しない。

同じ理由から、英語のテストには、男子学生も女子学生も、集団としてのスティグマの影響はない。男性も女性も英語の能力について強力なステレオタイプは存在しないからだ。ただ、男子学生はやや「男は文学に弱い」と見られることによる脅威を抱いているかもしれない。

これで実験の基本設計が完了した。子どもたちに襟を着用させること、つまり集団にスティグマを与えるだけで、その知的能力の発揮が妨げられるなら、女子学生はスティグマを負っている数学のテストで、男子学生よりも低い成績を取るはずであり、スティグマのない英語の試験では、男子学生と同水準の成績を取るはずだ。実際、そのとおりの結果が起きた。

これは、わたしたちにとって大きな励みとなった。この実験だけで何かを証明できたわけではない（このあと説明するが、この時点では他にも強力な仮説が少なくとも一つあった）。ただ、わたしたちはこれで、現実世界で見たことを実験室で再現する手順を見つけた。しかもそれは比較的安全な方法であり、被験者を長時間にわたりストレスのかかる状態にさらす必要はなく、テストを受けてもらえばいいだけだった。しかもテスト終了後に、被験者に実験の概要を説明することで、彼女たちが実生活でプレッシャーに対処するのを助けられるかもしれなかった。それはジェーン・エリオットの教室の安全な形での再現だった。わたしたちはそこで、スティグマが知的能力に与える影響を細かに観察して、それがどのように起き、どうすれば縮小できるかを学べるはずだ。

6

この実験で、女子学生の成績が振るわない原因は、「女性は数字に弱い」というスティグマが自分に当てはまると思われてはいけないというプレッシャーだと、わたしたちは推測した。しかしそれ以外にも、非常に有力な（不快ともいえる）仮説が存在した。ひょっとすると女子学生の成績が低いのは、生物学的に女性の数学の能力が低いためであり、それが難度の高いテストでは表れたのではないか、というものだ。

一九八〇年代初め、心理学者のカミラ・ベンボウとジュリアン・スタンレーは、男女の数学の成績格差について大掛かりな研究を行い、その結果をサイエンス誌に発表した。興味深いことに、彼女たちの実験の設計は、わたしたちとさほど違わなかった。まず、数学を非常に得意とする被験者を選んだ。具体的には、八年生（中学二年生）の男女で、基本的に同じ数学の授業を受けていて、標準テストの数学の成績が学内のトップ三%に入る子どもたちだ。そして八年生にとっては非常に難しい数学のテスト（SATの数学）をやらせた。その結果は、わたしたちの実験結果と同じように、女子は男子よりも点数が低かった。このため、二人は難しい結論に追い込まれた。ひょっとすると、女子の点数が低かったのは、女性の生物学的な数学能力の低さが、難度の高いテストで露呈したのではないか――。

現代社会は、アルコール中毒や多動性障害から幸福度まで、あらゆることを遺伝によって説明したがる。だとすれば、数学の成績における男女格差も、運動能力における人種差のように、遺伝的なものが根底にあるという考えが大きな注目を浴びるのは、当然の流れだったのかもしれない。

二〇〇五年一月、当時ハーバード大学の学長だったローレンス・サマーズは、マサチューセッツ工科大学（MIT）で開かれた、科学の分野で女性のプレゼンスを高めることに関する会議で、次のように述べた。

本会議および過去の論文等で指摘されてきた、トップレベルの能力を求められる理数系の職業で女性研究者のプレゼンスが大幅に低い原因については、おおまかに三つの仮説がある。第一は、家庭などの事情でトップレベルの仕事に求められるパワーを割きにくいこと。第二は、**トップレベルの能力を開花させる可能性は男女で差があるのではないかということ**、そして第三は、社会化や偏見だ。わたしの考えでは、重要性もこの順番どおりだ。

ＭＩＴの著名な女性生物学者ナンシー・ホプキンスは、サマーズのスピーチの途中で席を立った。会議は大混乱に陥った。サマーズは「第二の仮説」で、いったい何を言いたかったのか。数時間後には、メディアがその混乱を取り上げ始め、目撃者として出席者のインタビューを報じた。数日後には新聞の意見欄、テレビやラジオのトーク番組や識者もサマーズの発言を取り上げ、賛成論と反対論を報じた。サマーズの辞任を求める声があがった。ハーバード大学ではデモが起き、それは時間とともに激しくなっていった。三月一五日、ハーバード大学の人文科学教授会は、二一八対一八五で学長の不信任決議を可決した。しかし大学の理事会にあたるハーバード・コーポレーションは、サマーズを支持。翌年、教授会が再び不信任決議を採択する可能性が高まると、ようやくサマーズは辞任を決めた。それまでにもサマーズの学長としてのリーダーシップについては、多くの問題が指摘されていたが、「第二の仮説」――理数系の成績に男女差が生じる根本的な原因は、遺伝的な数学能力の差にある――が終わりの始まりになったことは、多くの意見が一致するところだろう。

スティーブンとわたしの関心は、遺伝的な数学能力の性差を説明することではなかった。一般に思われている以上に、成績の性差にはスティグマが大きく関係しているのではないかというのが、わたしたちの考えだった。しかしサマーズの騒動が起きるずっと前から、遺伝原因説は文化的に大きな支持を得ていることはわかっていたし、わたしたちが実験で発見したことの代替的な説明となる可能性もあった。

これは、開始まもないわたしたちの研究プロジェクトの重要局面だった。「数学において同じくらい高い基礎学力を持つ男女を慎重に選び、難度の高い数学のテストをやらせたところ、女性は男性よりも出来が悪かった」というシンプルな発見について、もっともらしい(しかし非常に異なる)仮説が二つあったのだ。わたしたちの仮説は、「女性は難しいテストのフラストレーションゆえに、『女性は数字に弱い』という社会のステレオタイプが正しいと証明してしまうのではないかという不安を高め、実力を発揮できなくなる」というものだった。これがわたしたちの考える、スティグマの「襟」の仕組みだった。

もう一つの仮説は、女性の成績不振は、女性であることに由来するというものだ。それは心理的な弱さかもしれないし、サマーズの「第二の仮説」に類する何かかもしれない。

どちらの仮説がより適切か教えてくれる実験が必要だった。二つの仮説を実証研究によって戦わせることは、科学の楽しさであると同時に緊迫する部分だ。良質な実験を設計できれば、明確な答えを得ることができる。しかもこの場合、明確な答えがでれば、先の実験が、女性の数学の成績に影響を与える新しい原因（アメリカにおけるジェンダーと紐づいたスティグマによるアイデンティティ付随条件）を発見したのか、それとも長年言われてきた女性の数学能力の限界が明らかになったのかがわかる。それは現実世界で意味を持つ実験になるだろう。

だが、どんな実験にすればいいのか。

わたしたちは、難しい数学のテストを受けるモチベーションの高い女性たちにとって、ステレオタイプを追認したくないというプレッシャーは、この種のテストを受けるときいつも経験するものだと考えた。難しい数学のテストを前にしたときのフラストレーションが、「女性は数学に弱い」というステレオタイプを想起させ、自分にも当てはまるのではないかという不安を引き起こす。つまり、彼女たちにプレッシャーを与えるために、プラスアルファのことをする必要はない。難しいテストをやらせれば、自動的にプレッシャーを感じるのだ。おそらくそれは、実験室でも実生活でも変わりはない。

したがって、良質な実験を設定するために考えるべきは、難しい数学のテストで女性たちにプレッシャーをかける方法ではなく、プレッシャーを和らげる方法、いわば難しい数学のテスト中に、スティグマの「襟」を取り外す方法だ。プレッシャーを和らげることで、女性たちのテストの成績がアップすれば、それまでの成績不振は、プレッシャーが原因だったと言うことができる。

だが、どうやってプレッシャーを軽減すればいいのか。「女性は数字に弱い」などというステレオタイプは存在しないと、被験者たちを説得してはどうか。そうすればテスト中に、そのステレオタイプを追認することを心配しなくて済む。だが、多くの女性は自分の経験からすでにその存在を知っていた。

わたしたちは、デスクに足を放り出して延々と考えた。そしてシンプルなひねりを思いついた。テストを、女性の数学能力に関するステレオタイプと切り離すのだ。具体的には次のように説明する。「みなさんも、『難しい数学の標準テストでは男性のほうが女性よりも点数が高い』といった説を聞いたことがあるでしょう。しかし、これから受けてもらう標準テストは違います。**これから受けてもらうテストでは、女性の成績はいつも男性と同じです**」（実際の実験でも、これとほぼ同じ表現で説明がなされた）。

このシンプルな説明で、女性たちがフラストレーションを抱く理由が変わる。もはやそのフラストレーションは、女性だから感じるものではなくなった。なぜなら「これから受ける」テストには、女性（いかなる性別）の特性は表れないからだ。女性は、男性と同じ立場でテストを受ける。もしフラストレーションを感じたとしたら、それは個人として数学が得意ではないことの確認にはなりえるが、女性であることとは関係がない。テスト前の説明を変更すれば、難しい数学のテストのとき、いつも彼女たちを脅かしていたジェンダーによるアイデンティティ付随条件はなくなるというわけだ。

こうして実験の設計が完了した。基本的な手順は前回と同じだ。ミシガン大学で数学が得意な男子学生と女子学生を集め、難しい数学のテストを一人で受けてもらう。そしてスティグマによるプレッシャーの影響を受けてほしくないグループには、このテストの出来に性差はないと説明する。

これで「難しい数学のテストで女性の成績が低いのは、スティグマのせいか、遺伝のせいか」を調べるために必要な要素はすべて揃った。スティグマのプレッシャーを軽減された女子学生たちが、数学の基礎学力レベルが同等の男子学生と同等の点数を取れば、先の研究で女子学生の点数を下げたのはスティグマによるプレッシャーだと言うことができる。しかしもし、このプレッシャーを軽減させても、女子学生の点数が男子学生よりも低ければ、このプレッシャーは女子学生の点数を下げた原因ではなかったことになる。何か別のこと、ひょっとすると女性の社会化、もしくは……サマーズの「第二の仮説」が原因かもしれない。

それまでスティーブンとわたしは、自分たちの研究の現実での意味合いを特に意識していなかった。だが、この実験の結果は重要な意味を持つことを理解していた。だからワクワクすると同時に、緊張していた。

結果は素晴らしかった。明確な答えが得られた。テスト前に、「このテストの結果には性差がある」と言われた（したがってステレオタイプを追認する脅威にさらされた）女子学生の点数は、同等の基礎学力の男子学生よりも低かった。これに対して、「このテストの結果に性差はない」と説明を受けた（したがって女性であることとの関連性の一切を追認する脅威から解放された）女子学生の点数は、基礎学力が同レベルの男子学生の点数と同等だった。女性の成績不振は消えてなくなったのだ。[1]

この結果が、わたしたちの研究の方向性を変えたといっても過言ではない。わたしたちが理論化していたスティグマによるプレッシャーは、数学に取り組む女性たち（とりわけフラストレーションを感じることが避けられない、本人の能力の限界レベルの数学に取り組む女性たち）の日常にマイナスの影響を与えるほど強力なものであることが、はじめて実証研究的に示唆されたのだ。同時にそれは、女性の数学における成績不振は、想像以上に改善可能であることも示唆していた。難しい数学に取り組む女性たちを取り巻くステレオタイプ追認の脅威を取り除けば、その成績を劇的に改善できるかもしれない。ジェーン・エリオットの生徒たちから襟を取り除くと、成績が改善したように。

もちろん、この結果は完璧な説明ではない（本書ではこのあとより詳しく説明する）。この研究結果を一般化するには、注意が必要だ。たとえば、スティグマによるプレッシャーの影響を取り除けば、数学の成績におけるあらゆる性差を取り除けるわけではない。多くの場合、数学の成績における性差が観察されるのは、この実験のように、同等の基礎学力とモチベーションを持つ男女間ではない。能力もモチベーションも異なる男女間で、それまで受けてきた数学教育の違い、数学への関心の違い、人生でさらされてきたスティグマの違いなどにより生じるのだ。スティグマという襟を取り外せば成績の差を縮小できるかもしれないが、それですべての原因を取り除けるとは限らない。

それでも、この結果は明らかに、わたしたちには解明すべき重要な現象（それは女性の理数系のキャリア進出を大いに妨げている可能性がある）があることを教えてくれた。

女性は理数系の分野で、地位が上がるほど生き残るのが難しくなることが、多くの調査で示されている。これには、社会的に与えられた女性としての役割や、数学をやっている女性に対する差別や女性の能力への期待値の低さなど、多くの要因が影響している。スティーブンとわたしはそこに、新たな要因を発見した気がしていた。すなわち、数学者として新たなレベルに進むという重要なタイミング（つまり本人の能力の限界レベル）で、女性の数学能力に対するステレオタイプを追認する（または追認しているとみなされる）脅威が、繰り返し表面化するのだ。

この結果は、わたしたちの研究生活を変えるとともに、このまま前進するきっかけとなった。

この仮説が型破りだったことは確かだ。そこにたどり着くまでの一連の試み（学生へのインタビュー、成績不振を示すデータ、数学と女性の実験）には一貫性があった。しかし、ある集団に関するステレオタイプ（たとえば、女性の数学能力に関するステレオタイプ）が、数学を得意とする女子

1　この実験で現実に最も近い経験をしたのは、「このテストの結果には性差がある」と言われた女子学生だ。わたしたちはそのことを、このグループに明確に伝えたが、この断りは不要だったことが、のちの研究でわかった。数学が得意な女子学生は、テスト結果に性差があると言われなくても、この種のテストで男子学生よりも低い点数を取った。彼女たちはそれが当然だと思っていたのだ。

の標準テストの成績、さらにはキャリアにも影響を与えるほど破壊力を持つというのは、異例の仮説だったと言っていい。

ステレオタイプ脅威が、差別などの悪意が存在しなくても生じる可能性があると示唆した点でも、わたしたちの主張は異例だった。被験者は一人でテストを受けていたし、運営者が女性に対してネガティブなステレオタイプを持つのではと疑う理由はなかった。だが、彼女たちは社会一般の文化を知っていた。アメリカ人が数学の能力をどのように見るか、つまり女性よりも男性のほうが能力が高いと見る傾向があることを知っていた。そして自分の成績が、その見方を追認する恐れがあることを知っていた。この思考の連鎖が、数学に打ち込んでいる女子学生たちを動揺させ、テストの出来に響くほど集中力を奪ったのだ。

わたしたちと同じ仮説を提唱する論文もなかった。なぜ理数系の上級クラスに、女性がほとんどいないのかを探る研究論文にも、ステレオタイプ脅威は挙げられていなかった。わたしたちは未完成ながら、この仮説の概要を学会で発表してみた。すると、女子学生の数学の成績は、ステレオタイプ追認リスクを軽減すれば、劇的に改善する可能性があるという部分は気に入られたが、わたしたちの仮説のポイントはきちんと理解されなかった。むしろ、「つまり女性は自分の数学の成績に対する期待値が低いから、難度の高い数学に直面すると、その低い期待を自己達成してしまうと言うんだろう?」というのだ。これはわたしたちの考えとは違う。正反対だ。わたしたちの実験の被験者は、自分に対する期待値が高いからこそ選ばれたのだった。数学が得意で、テストの結果に性差はないと言われると、良好な成績を収めた。難度の高い数学が、女性たちの自分に対する期待値を下げ、いわば自滅してしまうなら、わたしたちの被験者も低い成績を取るはずだ。だが、そうではなかった。

こうしてわたしたちは、この仮説がユニークなものだと気がついた。ただ、この時点でわかっていたのは、何が問題かではなく、何が問題ではないかだった。わからないことはたくさんあった。このプレッシャーは、どのように成績を悪化させるのか。記憶力を悪化させるのか。認識力に過剰な負担をかけるのか。生理的な影響を与えるのか。また成績を心配している人にだけ影響を与えるのか。数学に関しては、女性だけに悪影響を与えるのか。それとも他の集団または他の活動にも影響を与えるのか。もっと努力をすれば克服できるのか、それとも、さらなる努力は事態を悪化させるだけなのか。学校や教師がこうしたプレッシャーを軽減することはできるのか。個人でできることはあるのか──。

こうした重要な問いのすべてが、やがて研究の対象となっていく。だが、このあとわたしは、別の共同研究をするなかで、マイノリティ学生の成績不振に再び強い関心を持つようになる。理系の女子学生に影響を与えたプロセスは、マイノリティ学生の成績不振の一因にもなりうるのだろうか。

3章 ステレオタイプ脅威の正体

何が実力発揮を妨げていたのか

1

一九七八年、シアトル・スーパーソニックスは、全米プロバスケットボール協会（NBA）のチャンピオンまであと一勝というところでシーズンを終えた。わたしがシアトルに住んでいたときのことだ。翌年、ソニックスは優勝を果たしたが、その後は長年ぱっとしない時代が続いた。実のところ、一九七八年もシーズン開幕当初はぱっとしなかった。開幕直後の成績は五勝一七敗。そこでフロントが監督をクビにして、選手兼コーチだったレニー・ウィルケンズを監督に抜擢した。すると選手は一人も変わっていないのに、たちまちチームは勝ち始め、ウィルケンズの下で四二勝一八敗、シーズン全体としては四七勝三五敗の成績をあげた。ソニックスは優勝決定シリーズの第七戦に六点差で敗北して、わずかにNBAチャンピオンの座には及ばなかった。だが、そこまでチームがまとまったのは、たった一人の交代（ウィルケンズを監督にした）がきっかけだった。

ここで興味深いのは、この転機の前と後では、チームの報じられ方が大きく異なることだ。地元のスポーツ記者たちは当初、選手たちをこき下ろしていた。ポイントガードは、パスはできるがゴール下にボールを運べない。パワーフォワードは、遠くからシュートをしすぎで、ゴール下の簡単なリバウンドも取れない。センターも動きが鈍く、ミドルレンジのシュートを打てない――。スポーツライターは「観察者」だ。自分の視界に入ったもの、すなわち選手とその特徴に基づき状況を解釈する。チームが負ければ、その原因を解説しなくてはいけない。だから選手の悪い部分を強調したのだ。

監督が代わると、ソニックスも変わった。そして、記者たちは、負けではなく勝利を解説しなければならなくなった。同じ選手でも説明が変わった。一カ月前はこき下ろされていた選手が絶賛され、弱点は強みになった。ポイントガードのボール運びの悪さは、チームの指揮官としての優れた働きの証拠になった。パワーフォワードがリバウンドを取れないことは、美しいアウトサイドシュートを決めるための小さな代償になった。そしてセンターの動きの悪さは、ゴール下での安定のカギになった。決勝シリーズに進むときには、ソニックスは全ポジションに天才プレーヤーがいることになっていた。

マイノリティ学生や女子学生の成績不振を説明する試みも、一九七八年の開幕当初のソニックスの解説と同じ制約にさらされている。すなわち、観察者の視点から、成績不振の原因を探す。だから、学生自身の能力不足が問題の原因なのではないかと思えてくる。一九七八年初期のソニックスの成績不振が、選手たちの弱点のせいだと考えるのが合理的に思われたように。そこには、社会科学の長い伝統が影を落としていた。

2

歴史家のダリル・スコットは、著書『Contempt and Pity: Social Policy and the Image of Damaged Black Psyche, 1880-1996』（未邦訳）で、アフリカ系アメリカ人の経験を中心に据えて、この社会科学の伝統を説明している。黒人が二〇世紀を通じて経済、社会、教育、そして健康面において標準以下のレベルにとどまった理由を説明するとき、社会科学者はソニックス担当のスポーツ記者と同じように、欠点に注目する傾向があった。これによって批判される本人たちも、自らの能力が低いと考えるようになるというのだ。スコットはこれを「心へのダメージ」と呼んだ。

この概念は本書でこのあともよく登場する。二〇世紀半ばの偉大な社会心理学者ゴードン・オルポートは、このことを簡潔に述べている。「自分に関する評判が当たっていようが、そうでなかろうが、何度も、何度も、何度も頭に叩き込まれれば、それが本人の性質に影響を与えないわけがない」。つまり、社会における集団としての黒人のネガティブなイメージ（「攻撃的」「知的でない」など）に繰り返しさらされると、それが「内面化され」、集団の真の姿だと思うようになり、悲劇的なことに自分自身もそれを自らの真の姿だと考えるようになるのだ。この内面化は、低い自尊心、自分への低い期待値、低いモチベーション、自己不信などを引き起こして、「性格」にまでダメージを与える。そして高い失業率、高い離婚率、低い学業成績、そして犯罪などさまざまな悪い結果を引き起こすのだ。

「心へのダメージ」は科学的な概念にとどまらず、社会通念になっていると、スコットは言う。ネガティブなイメージを持たれている集団のメンバーが失敗する理由として、事実上のステレオタイプになっているというのだ。黒人大学生や女子大生が、その基礎学力から期待される成績をあげられないと、自信や自分への期待値の不足、そして自滅的な性質といった心理的傾向のせいだとみなされる。この説明は、観察者の視点から論理的に導かれるものであり、社会科学の伝統の影響を受けている。それは、わたしの研究方針にも強い影響を与えた。

3

ついにシアトルのスポーツ記者たちは、ソニックスをありのままに見るようになった。それは、彼らの感覚が研ぎ澄まされたからではない。ソニックスが、まったく同じ選手のままで勝ち始めたからだ。このことは、チームが負けていたのは選手の弱点だけが原因ではなかったことを明らかにした。もちろん記者たちが完全に間違っていたわけではない。選手たちには弱点があり、それは間違いなく敗北に寄与した。だが、チームが勝ち始めたことによって、それまで負けていたのは、選手たちの弱点だけでなく、何か他のことが関係していたのだということが明らかになった。新監督のウィルケンズはそれを見つけたのだ。

ソニックスが勝ち始めたときのシアトルのスポーツ記者たちのように、マイノリティ学生や女子学生の成績に関するわたしの観察者の視点は、事実によって何度も揺さぶられた。ソニックスの選手と同じように、彼らにも弱点はあった。アメリカ社会で、教育はアクセスにおいても、質においても、平等ではない。社会経済的に不利な立場や、人種分離的な社会慣行、そして制約的な文化は、歴史的に、そして現在も、一部の集団の教育機会を制限している。それが大学の成績に影響を与え、観察者が指摘できるほど集団の基礎学力に違いをもたらす可能性はある。それでも、わたしたちが研究過程で発見してきた事実は、こうした格差が成績不振の唯一の原因ではなさそうだと一貫して示していた。

ひょっとすると、わたしたちが発見した事実で最も重要なのは、被験者である学生たちの真の姿かもしれない。彼らは教育レベルが低くて、基礎学力が乏しくて、モチベーションの低い学生ではなかった。どのような基準で見ても、彼らに心理的あるいは基礎学力上の不足はなかった。入学難度の極めて高い、全米トップクラスの大学の学生だった。それにミシガン大学では、基礎学力の高い学生と、そうでない学生の両方に成績不振が見られた。研究文献によると、それは明らかにほとんどの大学で見られる共通の現象だった。こうした事実を集めてみると、わたしたちの実験が示していることと、わたしたちが見てきたことが、学生の側に何らかの不足があるためだと考えるのは不適切に思えた。

しかし、こうしたことの前に、もっと根本的な問いに答える必要があった。女子学生と数学に関する実験で、スティーブンとわたしが見たスティグマのプレッシャーは、他の集団にも当てはまるのか。つまり社会において、自らの属する集団の知的能力が低いと思われている人の成績にも、影響するのか。たとえば、黒人（この研究の発端となった集団だ）が難度の高い標準テストを受けた場合、その成績に影響はあるだろうか。

4

この頃（一九九一年）、わたしはまた大学を移った。今度はミシガン大学からスタンフォード大学へ。家族の大好きな西海岸に戻ったのだ。そこで、プリンストン大学で博士号を取得したばかりのジョシュア・アロンソンが研究に加わった（現在はニューヨーク大学の著名な教授だ）。ジョシュアは、自己肯定化理論（先述のとおり、わたしがその数年前に学生たちと構築したもの）について、洞察に満ちた学位論文を完成させたところで、ポスドクの学生としてさらに研究を進めることになっていた。彼は社会心理学と実験の設計において直感的なセンスの持ち主だった。スティーブンと同じように、ジョシュアは自分の指導教官がマイノリティの成績不振や、女性の数学能力、そしてスティグマが知的能力や粘り強さに与える影響で頭がいっぱいであることを知った。そしてそのパズルに、ジョシュアも関心を持つようになり、パズルのピースをあれこれ動かして、答えを見つける活動に加わった。わたしは運がよかった。パズルは誰かと一緒にやったほうが、ずっと早く解決できるものだ。

わたしたちはまず、目の前にある事実を整理した。黒人学生の成績不振、女子学生や黒人学生へのインタビュー、そして女子学生と数学のテストに関する実験の結果。その上で、疑問点をリストアップした。まず重要なのは一般化に関する疑問だった。女子学生と数学のテストの実験で観察されたスティグマのプレッシャーは、知的能力が高いと見られていない別の集団、たとえば、この研究の発端となった黒人にも当てはまるのか。もし当てはまるなら、スティグマのプレッシャーが知的能力に与える影響は、一般的な現象だと考えるべき十分な理由があることになる。つまり、いかなる集団であっても、その全員または一部の知的能力が社会全体から否定的に見られている場合、その集団のメンバーに影響を与える可能性がある。このような一般化ができない場合は、女性がこのプレッシャーに特別に弱い可能性をあらためて検討する必要があった。

第二の疑問は、スティグマのプレッシャーが黒人学生にかかる場合、それは学力の高い黒人学生に生じるのか、だった。なぜそんなことを知りたかったのかというと、この研究のための助成金を申請したところ、審査員が大きな疑問符をつけてきたからだ。アメリカの名門大学に在籍する、優秀でモチベーションの高い黒人学生が、スティグマのプレッシャーくらいで成績が下がるとは思えないというのだ。彼らの言いたいことはわかる。わたしたちだって、最初からそう思ったわけではなく、事実を積み重ねた結果、この可能性を疑うようになったのだ。つまりわたしたちの課題は二つあった。第一に、数学の得意な女子学生に見られたスティグマのプレッシャーは、黒人学生にも生じるのかどうか調べること。第二に、もし黒人学生にも生じる場合、それが優秀な黒人学生にも生じるかどうか調べることだった。その点、わたしたちは絶好の環境にいた。スタンフォード大学は、全米でも最難関大学の一つだからだ。

ほどなくして、わたしたちは実験に着手した。スタンフォードの黒人学生と白人学生（ほとんどが二年生だ）を一人ずつ実験室に招き入れて、GREの難度の高い英語テストを受けてもらった。大学二年生には非常に難しいテストだった。事前に、被験者と類似する学生グループにやってもらったところ、正答率は三〇％だった。このテストが被験者にフラストレーションを与えるのは間違いないだろう。難しい数学のテストを受けた女子学生と同じように、このフラストレーションは、「黒人は知的レベルが低い」というステレオタイプを追認する不安を引き起こすに違いない。とりわけこのテストを、GREとまったく同じ要領で実施すれば、それが引き起こすフラストレーションによって、黒人学生たちはステレオタイプ脅威を感じるに違いない――。

白人学生も、難しいテストにフラストレーションを感じるだろう。しかし彼らの場合、テストの出来が悪くても、それが自分の集団についてのステレオタイプを追認する心配はない。なぜならアメリカ社会には、白人は知的レベルが低いというネガティブなステレオタイプは幅広く存在しないからだ。

結果は予想通りだった。この難度の高いテスト（GREと同じ三〇分で三〇問）で、白人学生の成績は黒人学生よりもずっと高かった。平均正答数の差は四問。これがGREのすべての科目で生じれば、最終的な点数差は相当大きくなるだろう。[2] スティーブンとわたしが実験室で、女性の数学テストにおける成績不振を再現したように、ジョシュアとわたしは、黒人学生の英語テストにおける成績不振を再現したのだった。

もちろん別の説明も可能だった。基礎学力は同等でも、黒人学生は白人学生ほど、フラストレーションを跳ね返すモチベーションが高くなかったのかもしれない。あるいは、黒人学生は白人学生ほど本気でテストに取り組まなかったのかもしれない。テスト問題に、文化的に黒人学生に不利なバイアスがかかっていた可能性もある。この結果からだけでは、どの説明が最適なのか判断はつかなかった。

この疑問を明らかにするためには、黒人がテストを受けているときに感じる可能性があるスティグマによるプレッシャーを取り除く工夫が必要だった。わたしたちの仮説では、スティグマによるプレッシャーそのものは、難度の高いテストを受けるフラストレーションから自動的に生じる。問題は、そのプレッシャーを軽減する方法を見つけることだった。

理数系女子学生のときは、「このテストは男女による成績の差はない」と説明したが、今回は「このテストは一般的な問題の解き方を研究するためのデータ収集が目的であり、個人の知的能力を測定するものではない」と強調した。このような説明を受けた黒人学生は、黒人の知的能力に関するスティグマから解放され、それに伴うステレオタイプ脅威からも解放された。その結果、彼らは同等の基礎学力と知識を持つ白人学生と同等の点数を取った。英語能力を測定するテストだという説明を受けたグループよりも、はるかに高い点数だ。自分が所属する集団に関するネガティブなステレオタイプを追認するリスクがなくなると、彼らの成績不振も消えたのだ。

この結果から、わたしたちは四つの重要な発見をしたと、合理的な自信を持って言うことができた。第一に、スティグマによるプレッシャーが原因で知的能力をフルに発揮できなくなるのは一般的な現象であること。それは女性だけではなく、女性と黒人という、少なくとも二つの集団で起きたのだ。スティグマによるプレッシャーは、現代社会で重要なテストを受ける場面において、女性と黒人という集団のアイデンティティ付随条件となり、彼らの運命を左右しかねない。この種のテストの点数は、その後の人生に大きな影響を与えうるからだ。

第二に、この付随条件は、該当する集団でトップクラスの学生、つまり学力的にもモチベーション的にも最も問題が少ない学生に影響を与えるほど強力であることがわかった。監督交代前

2　白人学生と黒人学生の点数は、基礎学力差（入学時のSAT点数で判断）に基づき、標準的な統計学的手法により、調整したことを付記しておく。これにより、どの実験でも、同等の知識とスキルを持つ黒人参加者と白人参加者のサンプル群を作ることができた。

のソニックスの選手たちのように、トップクラスの実力があっても、それをフルに発揮することが妨げられることがあるのだ（しかし試合結果だけを見た記者たちは、選手に実力がないせいだと考えた）。

第三に、黒人学生の成績不振を実験室で再現する信頼できる方法を発見したことで、この現象を詳しく観察し、分析することが可能になった。しかしその前に、急いで確認しておくべきことがあった。それは、スティグマのプレッシャーを経験している人は、本当にスティグマを追認することを心配しているのか、だ。

そこでシンプルな実験をしてみることにした。スタンフォードの黒人学生と白人学生に、難しい英語のテストを受けてもらうことにし、直前に、テストの難易度を示唆する例題と、八〇問の虫食い単語のリストを渡した。各単語はアルファベット二文字が抜けており、それを見て何という単語かをできるだけ早く答えるのだ。虫食い単語のうち一二問は、黒人の知的能力に関するステレオタイプを意味する単語になりえた。たとえば、「――mb」という虫食い単語は、「dumb（バカ）」、「――ce」という虫食い単語は「race（人種）」になりえた。もし、難しいテストを受けることになっただけで、黒人学生が人種に関するステレオタイプを意識するようになるなら、これらの虫食い単語をステレオタイプ関連語にするかもしれない。

実際、そのような結果になった。「このテストで受験者の知的能力を測定する」と言われた黒人学生は、そのような説明を受けなかった黒人学生よりも多くの虫食い単語を、ステレオタイプ関連単語にした。スティグマのプレッシャーにさらされたことで、自分の集団に関するステレオタイプを思い起こしたのだ。一方、テスト中にこのようなプレッシャーにさらされない白人学生の場合、テストの説明があってもなくても、ステレオタイプ関連語はほぼゼロだった。

さらにわたしたちは、どのような懸念がステレオタイプを思い起こさせるのかも調べた。今度はテストを受ける直前に、さまざまな音楽とスポーツをどのくらい好きかを、点数で答えてもらったのだ。項目には、黒人を連想させるもの（バスケットボール、ジャズ、ヒップホップなど）と、そうでないもの（水泳、テニス、クラシック音楽）が含まれていた。興味深いことに、「知的能力を測定する」だと告げられた黒人学生は、黒人のイメージのあるスポーツや音楽にはあまり関心がないと答える傾向があった。彼らのバスケットボールやジャズ、ヒップホップへの関心は、白人学生よりも低かった。一方で、「一般的な問題の解き方を研究するためのデータ収集」だと説明された黒人学生は、黒人を連想させる項目に高い関心があると答えた。どうやら最初のグループは、黒人を連想させるスポーツや音楽を好むと回答すると、自分がステレオタイプ的に見られる可能性があると考えて、わざと関心が低いと答えたようだった。ネガティブな集団ステレオタイプを当てはめられることを回避しようとしていたのだ。

四つ目の発見は、ステレオタイプ脅威を感じた人は、言い訳を探そうとする（つまり成績不振の原因を自分以外の何かに転嫁する）ことだ。被験者にテスト前夜の睡眠時間を聞いたところ、「知的能力を測定する」と思っている黒人学生は、「一般的な問題の解き方を研究するためのデータ収集」だと言われた黒人学生よりも、睡眠時間が短かったと申告する傾向があった。また、白人学生と比べると、どちらの説明を受けた黒人学生も短い睡眠時間を申告した。ステレオタイプに基づき評価される脅威を感じた黒人学生は、万が一テストの出来が悪かったときに備えて、言い訳を探したのだ。

黒人学生たちは、基礎学力やモチベーション、テストの出来に関する自信にかかわらず、自分の属する集団と自分に関する評価をはねのけようとしていた。彼らは歴史の重みの下で、このテスト（と類似する一切のテスト）を受けてきたのだ。

5

これらの初期の実験により、トップクラスの学力を持つ学生でも、スティグマのプレッシャーによって悲惨な成績を取る可能性が十分あることが明らかになった。それどころかもっと皮肉な可能性が浮かび上がってきた。スティグマのプレッシャーは、学力不足の学生よりも、学力が高い学生に大きな影響を与えるのかもしれない！　これが事実なら、それを確認することは極めて重要だ。それまでの実験は、優秀な学生だけを対象にしており、学力の低い学生がスティグマのプレッシャーにどう反応するかは、わからなかった。彼らもこのプレッシャーの影響を受けるのか。それとも、学力が低ければ、スティグマのプレッシャーの影響を受けにくいのか。この疑問をスタンフォードで解明するのは難しかった。ここは全米でも有数の難関大学で、学力が低い学生サンプルを見つけるのは、ほぼ不可能だったからだ。

ときには、チャンスが自ら舞い込んできてくれることがあるものだ。最初の実験結果を発表してからしばらくして、大学院生のジョゼフ・ブラウンと、学部生ミケル・ジョレットが訪ねてきた。二人はあらゆる意味で対照的だった。ジョゼフはスレンダーなアフリカ系アメリカ人で、針金のようなフレームのメガネをかけ、指導教官が読んでおいてほしいと思う本はすべて読破しているような大学院生だった。これに対して、ミケルはエネルギッシュなヒップホップ系の白人学生で、自信と独創性にあふれていた（のちにミケルは、ロックバンド「エアボーン・トキシック・イベント」のリードシンガーとして大きな成功を収めた）。二人は、ジョシュアとわたしの実験（スタンフォードの黒人学生のテスト成績に人種的ステレオタイプが影響を与えることを示したもの）を知って、一つの疑問を抱いた。同じ実験をロサンゼルスの貧困地区の高校でやっても、同じ結果が得られるだろうか――。重要なことに、彼らにはそれを調べる手段があった。ミケルが三年前に卒業した高校はまさにそんな学校で、彼は今も恩師たちと連絡を取り合っていた。そしておそらく、その学校で実験をやらせてもらえると思うと言うのだ。これはチャンスだ。

ほどなくしてミケルは、実験資料の束を抱えてロサンゼルス行きの飛行機に乗り、ジョシュアとわたしがスタンフォードでしたのと同じ実験を母校で再現した。ミケルは使われていない教室で、難しい三〇分間のテスト（ＳＡＴの英語科目）を、白人と黒人の生徒にやらせた。一つ目の黒人生徒グループには、英語力を調べるテストだと告げた。ジョシュアとわたしの実験では、それだけで黒人学生は、自分のテストの出来が、黒人の知的能力に関するステレオタイプを追認することになるかもしれないと不安に陥っていたことを思い出してほしい。もう一つの黒人生徒グループには、このテストは問題の解き方を研究するもので、個人の学力を測定するテストではないと、説明した。これにより二つ目のグループは、黒人の知的能力に関するステレオタイプから解放された。

ミケルは、独自の調査もした。被験者が学校の成績にどのくらい関心を持ち、自分を優等生だと思っているかどうかを聞いたのだ。その結果は実に興味深く、わたしたちがずっと抱いてきた皮肉な疑念を明らかにした。すなわち、学校の成績を気にしていると答えた黒人生徒は、このテストが学力テストだと説明されて、自分が所属する集団のネガティブなステレオタイプを追認するリスクがあるとわかると、白人生徒よりもずっと低い点数を取ったのだ。ところが、学校の成績を気にしていて、かつこのテストは学力を測定するものではないと言われた（つまり能力のステレオタイプを追認する恐れがないとわかった）黒人生徒は、白人生徒と同レベルの点数を取った。ミケルが通った貧困地区の高校で成績上位グループに入る黒人生徒は、スタンフォードの黒人学生とまったく同じ反応、つまり自分が属する集団のネガティブなステレオタイプを追認するリスクに動揺を示したのだ。

ところが、この現象は成績下位グループの黒人生徒には見られなかった。学校の成績など気にしていない生徒たちは、そのようなステレオタイプに動揺させられることはなかった。「つまりこれはみなさんの学力を測定するテストです」と言われようが、「学力を測定するのではなく、研究のためのデータ収集です」と言われようが、彼らは同レベルの点数を取ったのだ。彼らと同じように学校に関心がなく、基礎学力の低い白人生徒も、同レベルの点数を取った。

だからといって、学校の成績に無関心になれば、ネガティブなステレオタイプを撃退できるなどという結論に飛びつくのは危険だ。成績下位グループの黒人生徒のうち、このテストで高得点をマークした生徒は一人もいなかったのだから。成績下位グループの白人生徒と同じように、ステレオタイプのプレッシャーがあってもなくても、得点は低かった。彼らは単純に、基礎学力とモチベーションが欠けていたのだ。実験そのものには、みんな協力的だったし、礼儀正しくテストを受けてくれた。だが、難しい問題になると、特にフラストレーションを感じる様子もなく、問題を解く努力をやめて、時計を見つめ、終了時間が来るのを待っていた。

マイノリティ生徒の成績不振というと、たいていの人が思い浮かべるのは、ミケルの学校の成績下位グループの生徒のような子ども、つまり基礎学力もモチベーションも低く、学校からドロップアウトしそうな生徒たちだ。一九七八年のシーズン開幕当初のシアトル・スーパーソニックスについて書いたスポーツ記者のように、観察者の視点から彼らの成績不振を説明しようとすると、それらしい欠点は容易に見つかる。低学歴、貧困地区出身、自己不信と周囲からの期待の低さがもたらした心理的ダメージ、学校に無関心で、成績が下がり、ますます学校に無関心になり、家族の励ましはなく、仲間も無関心……。これらのいずれかまたはすべてが、ミケルの実験で、成績下位グループの生徒たちが問題を解こうとするのをやめて、ひどい点数を取った原因になった可能性がある。彼らに関しては、社会通念が正しいように見える。

だが、その社会通念は、成績上位グループの生徒には当てはまらなかった。彼らは貧困地区の高校に通っていても、学校に愛着を持ち、環境的な問題をどうにか克服してきた。ミケルの実験で、彼らの得点を押し下げた唯一の原因は、ネガティブなステレオタイプによるプレッシャー、つまり、そのステレオタイプを追認するか、追認していると見られるのではないかというリスクだ。それはスタンフォードで黒人学生のテスト成績を押し下げたのと同じプレッシャーであり、ミシガン大学で理数系の女子学生の数学のテスト結果を悪化させたのと同じプレッシャーだ。テストを研究のためのデータ収集だと説明して、そのプレッシャーを取り除くと、彼らは実力をフルに発揮した。

わたしたちが思ったとおりの皮肉な結果だった。ミケルの高校の成績上位の黒人生徒たちが、ステレオタイプによるプレッシャーを受けやすかったのは、学力的な自信のなさや基礎学力の低さのせいではなく、むしろ学力が高かったからなのだ。学力が高いからこそ、学校に愛着を持ち、学校の成績を気にした。そして学校で、学力診断と思われる難しい課題を与えられると、ステレオタイプに基づくプレッシャーに襲われた。それは自分に対する期待が低いからではなく、高いからなのだ。

ミケルの実験は、このプレッシャーがなぜ学校教育の現場では見えにくいのかも明らかにした。成績上位の黒人生徒は、ステレオタイプのプレッシャーにさらされると、成績下位の黒人生徒たちと同じレベルの成績を示した。テストの成績だけ見ると、二つのグループの見分けはつかない。教員も大学の入学審査委員会も見分けることができないのだ。二つのグループのうち一方は、一九七八年のシーズン開幕当初のソニックスのようだ。彼らは完璧ではないかもしれないが、好成績を収めるスキルとモチベーションを持っていた。彼らに必要なのは、その実力を発揮するのを妨げるものを取り除くことだけだった。

6

このときすでに、わたしたちがマイノリティ学生の成績不振の理由を研究し始めてから約四年がたっていた。そのなかで、成績不振が本人の特性に由来するという証拠は一切見つかっていなかった。むしろ原因は、テストや教室で彼らが直面するステレオタイプによるプレッシャーのように見えた。わたしたちはこのプレッシャーを、アイデンティティがもたらす「苦境」と考えるようになった。大学の上級数学のクラスにいる女子学生は、自分が女性だから能力に限界があると見られる可能性があることを、ある程度知っている。黒人学生も、ほぼあらゆる学問分野の上級レベルで、同じことを感じている。トップクラスの白人陸上選手は、一〇〇メートル走に出場したときそれを感じる。彼らは自分の集団のアイデンティティを知っている、その集団に対して社会が抱くイメージ（ステレオタイプ）を知っている。そして自分が、そのステレオタイプに反することに取り組んでいることに、ある程度気づいている。そして、自分の成績が悪ければ、ステレオタイプが正しかったと追認する恐れがあることを、ある程度知っている。

やがてわたしたちは、この苦境に便宜的な名前をつけた。「スティグマ化」「スティグマのプレッシャー」「スティグマ脆弱性」「ステレオタイプ脆弱性」などだ。そして最終的に、「ステレオタイプ脅威」という表現で統一することにした。それは、**本人にはどうすることもできない、リアルな脅威**なのだ。

7

わたしたちは、女子学生と黒人学生の成績不振の原因を解明するなかで、ステレオタイプ脅威という概念を発見したが、やがてそれは、**あらゆる人に何らかの影響を与えている**ことに気がついた。すると、自分と異なる集団の人たちがどのようなステレオタイプ脅威に苦しんでいるかに思いを馳せることができるようになった。このような類推は、自分と異なる集団の人に共感する最善の方法だ。

ステレオタイプ脅威の現実を理解すると、教室や大学キャンパス、標準テストが行われる部屋、陸上競技場など、一見、全員にとって公平な環境に思える場所が、実のところ、人によって異なるプレッシャーを与えていることもわかってくる。誰もが自分のアイデンティティがもたらすステレオタイプ脅威と戦っているのだ。

女子大生にとっての上級数学の教室や、黒人学生にとっての学校全般、高齢者が学び直しに入った大学、白人運動選手にとっての重要な陸上競技大会には、他の集団が経験しないステレオタイプ脅威が「漂っている」。それが、彼らが能力をフルに発揮するのを妨げる。若くて才能のある白人陸上選手は、ネガティブなステレオタイプを追認してしまうのではないかという、黒人陸上選手にはない不安を抱えて走らなければならない。しかもその不安は、陸上を続けている限り続き、ここ一番という最も重要な場面で最も大きくなる。

こうして研究を重ねていくうちに、マイノリティ学生の成績不振と、その原因であるステレオタイプ脅威の仕組みを解明するには、アイデンティティについてもっともっと幅広く理解する必要があると、わたしたちは考えるようになった。とりわけアメリカでは、個人の努力を極めて重視するきらいがあり、うまくいかないことがあったとき、それが老人だから、黒人だから、白人男性だから、信仰があるから、政治的にリベラルだから、など社会的アイデンティティのせいにするのを嫌う傾向がある。おそらくこれは悪いことではなく、アイデンティティによる制約を克服する努力を人々に促す。しかしわたしたちの研究は、アイデンティティにはもっと深遠な働きがあることを示していた。つまり、特定のタイミングや環境で、些細な付随条件を生み出し、その人の知的能力の発揮を大いに妨げる可能性がある。このアイデンティティ付随条件は、社会の主要集団である学校や人生を左右する標準テストの成績に重要な影響を与えている可能性がある。

この発見は、わたしの研究室だけでなく、社会心理学の分野全体で活発な研究を促し、重大な問いを浮上させた。ステレオタイプ脅威は、どのような行動や能力を妨げるのか。能力を妨げられた人はどうなるのか。ステレオタイプ脅威を悪化させたり軽減させたりする要素はあるのか。望まぬ影響を小さくするために、個人と組織には何ができるのか――。

本書は、ステレオタイプ脅威の影響を軽減する方法を探る道のりをたどるものだが（実際素晴らしい方法が見つかる）、ここで少しばかり、アイデンティティという大きな概念と、それがさまざまな人の人生にどのような影響を与えるかを、少し詳しく見ておこう。[3]

3　本章で紹介した実験結果から、「ステレオタイプ脅威は、学業に関心が乏しい学生が多い底辺校では、関連する集団の成績にさほど大きな影響を与えない」という見解が導かれるかもしれない。その見解が正しいと立証される可能性はあるが、実験では、レベルの低い学校にも、学業成績を気にかける学生（ステレオタイプ脅威の影響を大いに受ける可能性がある学生）がいることも明らかになった。また、一定の知的態度（教師に対する態度や、授業中はきちんとした話し方をするなど）は、事実上誰もが気にするものであり、ステレオタイプ脅威は、底辺校の成績下位グループの学生の知的態度にも影響を与えるはずだ。

4章 何を主要なアイデンティティと捉えるか

「別の人生」を歩むことを選んだ人々

新たな発見が次々ともたらされる一方で、わたしにはなにかが腑に落ちなかった。それは、わたしが心理学者だからかもしれない。心理学者は、人間の心理、つまり内面に注目する。難しい数学のテストで女子学生の成績が振るわない場合、心理学者は女性特有の意識や心理に目を向ける傾向がある。わたしは、アイデンティティ付随条件が、現実にどのような働きをするのか、もっと具体的なイメージを必要としていた。それがわかれば、わたしたちの解釈の方向性は正しいという確信をもっと持てるはずだ。

そんなある日、たまたま手に取ったニューヨーカー誌で、文芸評論家ヘンリー・ルイス・ゲイツによる「わたしのように白い——アフリカ系アメリカ人文筆家アナトール・ブロヤード」という記事が目に留まった。そしてそこに、わたしが必要としていた「具体例」が示されていることに気がついた。アメリカで最も強力なアイデンティティ付随条件の一つを克服した男の人生だ。その説明をする前に、まずはブロヤードの来歴を簡単に紹介しよう。

1

アナトール・ブロヤードは、ニューヨーク・タイムズ紙の書評欄を一八年間担当し、ニューヨーク・タイムズ・ブック・レビュー誌にも定期的に寄稿していた文芸評論家で、キャリアを通じて大量の記事やエッセイを残した。最後の傑作は、一九九〇年に前立腺癌で死去する直前に発表された、自らの病に関する美しいエッセイ集だった。わたしは長年ブロヤードのファンで、そのエッセイ集にはとりわけ感銘を受けていた。どれもおかしくて、教養にあふれ、深遠だった。文学への洗練された言及と、都会的なテイスト、そして日々病気となんとかやっていく様子が絶妙にミックスされて、とびきり魅力的な作品に仕上がっていた。英語の教授による、人生と老いと死に関するスタンドアップコメディーのような要素さえあった。小説家ソール・ベローを思い起こさせたし、もっと言えばフロイトに近く感じた。わたしはブロヤードがユダヤ系、おそらくヨーロッパ系だろうと思っていた。理由はわからない。ただ、アナトールという名前やユーモアのセンスから、そんな印象を抱いていた。だが、一九九六年のニューヨーカー誌の記事は、ゲイツはブロヤードが黒人だったこと、両親とも黒人で、一八世紀までさかのぼっても全員黒人の家系だったことを明らかにしていた。

勘違いをしていたのは、わたしだけではなかった。ブロヤードは自身が黒人であることを生涯にわたり隠していたのだ。伝統的な言葉の意味においては黒人だったにもかかわらず、成人後の人生を白人として生きた。彼は「白人として通って《パスして》いた」ため、黒人としてのアイデンティティを隠し、自分の子どもにさえ死の直前まで明かさなかった。

ブロヤードと直近の家族（父、母、姉、妹）は、二〇世紀前半に起きた黒人による南部から北部都市への「大移住」の波に乗り、ニューオーリンズからブルックリンのベッドフォード・スタイベサント地区に移住してきた。一般に移住とは、住み慣れたコミュニティを出て、見知らぬコミュニティに入っていくことを伴う。それは、特定の外観を持つ人にとっては、人種的アイデンティティを捨てるチャンスでもあった。大移住がピークを迎えた一九二〇年代、黒人のアイデンティティを捨てて、北部の白い海に溶け込んでいった黒人は推定一万～三万人とされる。ブロヤードの父ポール・ブロヤードも、「パッシング（肌の色が薄い黒人が白人として生きること）」の実践者だった。ただし、仕事中だけだ。ポールは非常に腕のいい大工で、大工組合に入って仕事を得るために、日中は白人として生きていた。しかし一日の終わりには、黒人の家族が待つ家に帰り、黒人に戻った。この日中だけのパッシングは、当時の人種的分断の厳格さと馬鹿馬鹿しさの両方を示すもので、肌の色が明るい黒人の間では一般的に行われていた。若きアナトールには、アメリカの人種的分断に対処する方法について、ごく身近なロールモデルがいたわけだ。

マイケル・ジャクソンに関するジョークで、「貧しい黒人の少年が、金持ちの白人女性になれる国はアメリカだけだ」というものがある。ブロヤードは決して大金持ちにはならなかった（女性に間違えられることもなかった）が、もう一つの部分はやり遂げた。つまり黒人として生まれ、白人として死んだ。ニューヨークに移住してからは、黒人の多く住むブルックリンのボーイズ・ハイスクール、さらにはブルックリン・カレッジへと進学。そこでヨーロッパ文学とアメリカ文学、そして高尚な文化やポップカルチャーと恋に落ちた。彼は作家になることを夢見た。偉大なアメリカの作家だ。すでに、都会的な文化に関する知識と、早熟な文学への博識さをブレンドして、優れた文才を発揮するようになった。

第二次世界大戦末期、ブロヤードは黒人女性と結婚して、子どもを一人もうけた。そして軍に入隊した。ブロヤードがそれまでの人種的アイデンティティを捨てようと決めたのは、このときらしい（きっかけは不明だ）。除隊後、彼は妻と子どもを捨てて、グリニッジビレッジに移り住んだ。そこでブルックリンから来た黒人少年は、仮面生活を始めた。アナトール・ブロヤードは白人になったのだ。

グリニッジビレッジで、彼は評論家になり、エッセイを刊行し、書店を買い、ニュースクール大学とニューヨーク大学でライティングを教えた。また、大量のエッセイを出版し、白人女性と結婚し、自伝小説（書き終えることはなかった）を執筆する大型契約を結び、ニューヨーク・タイムズ紙に書評欄担当者として雇われ、最終的にはコネチカット州郊外に引っ越した。白人住民が圧倒的に多いコネチカットで、自分が選んだアイデンティティの秘密が暴かれる心配はますます小さくなった。

もしブロヤードが黒人として生き続けていたら、それゆえの制約に苦しんでいたかもしれない。だが、彼にはチャンスがめぐってきたし、おそらく他にも多くの理由があってその制約を受けるまいと決意した。人種的アイデンティティを変えると、それに伴う付随条件も変わった。おそらく直面したはずの制約が消えてチャンスが舞い込んできた。それまでとは異なる期待を受け、それまでとは異なる場所（明確な人種隔離がなされたベッドフォード・スタイベサントやハーレムではなく、ウエストビレッジ）に住むことができた。書店を購入したり、リースしたりするための銀行融資や、ニューヨーク・タイムズ紙の仕事につながるコネなど、それまでとは異なるリソースにもアクセスできた。いずれも黒人のままだったら手が届かなかっただろう。異なる人たちと知り合いになり、異なる人と結婚し、子どもたちを異なる学校に入れることができた。ブロヤードは、それまでとは違うタイプの文筆家になれた。ウエストビレッジの街並みも社会の規範や仕組みも、彼が黒人だったときと変わっていなかったし、彼の才能や短所、心理的特性、文化的信念、好み、態度、価値観も変わっていなかった。変わったのは、彼のアイデンティティだけだ。彼は黒人男性ではなく、白人男性になった。すると、まったく異なる人生の選択肢が現れた。

一般に人種とは、人間の本質（生物学的なものかもしれないし、文化的なものかもしれない）に根ざしたものと考えられている。だが、ブロヤードのパッシングは、他の無数の例と同じように、この考え方をくじく。彼の本質（生物学的本質も文化的本質も）は、パッシング前と変わっていなかった。彼自身は同じ人間だった。変わったのは、彼を取り巻く条件だ。

本書の用語を使うと、ブロヤードはアイデンティティ付随条件を、そっくり別の条件に入れ替えた。当時あの場所で黒人であることに伴うアイデンティティ付随条件を、当時あの場所で白人であることに伴うアイデンティティ付随条件に交換したのだ。そうすることで、人生を変えた。

先ほど言ったように、わたしは心理学者のバイアスを持つ心理学者だ。つまり人の行動や実績の原因をその人の内面に求める。しかしそれまでの研究（特定のアイデンティティに伴うステレオタイプ脅威が学校やテストの成績に劇的な影響を与えうる）と、ブロヤードのストーリー（アイデンティティを変えると、人生の条件が一変する）によって、アイデンティティ付随条件は現実に存在するものであり、人間の行動や結果に影響を与える原因として過小評価されているという確信は強くなっていった。

2

「付随条件（contingencies）」とは、二〇世紀の大部分にわたり社会心理学を支配した行動主義心理学から拝借した表現で、随伴性と呼ばれることも多い。これは、ある環境で、ある行動がどのように評価されるかが、その環境にいる人の行動を規定するようになるという考え方だ。行動主義心理学では、こうした条件を「応答の随伴性（response contingencies）」と呼ぶ。わたしが言う「付随条件」とは、ある環境で人が直面する条件のことであり、このうち社会的アイデンティティと紐づいたものをアイデンティティ付随条件という。このため、その内容は、各人の所与のアイデンティティにより異なってくる。たとえば、ブロヤードが白人のときだけ銀行融資を受けられたことや、高齢者が高齢ゆえに頭の回転が遅いと思われること、南部出身者がそのなまりゆえにニューイングランドのカクテルパーティーで冷たいあしらいを受けることなどだ。

こうした付随条件は、ある環境におけるアイデンティティの位置づけによって決まる。たとえば、アメリカの高校のカフェテリアは、生徒の座る場所が人種によって明確に分かれている。これは白人生徒と黒人生徒が、学校の文化や社会の状況から認識したアイデンティティ付随条件をカフェテリアに反映させた現象だ。白人生徒は、黒人生徒と同じテーブルに座れば、「クールになろうと必死すぎ」とか「わざとらしい」とか「人種に鈍感」など、好ましくない判断をされる可能性があることを知っている。自分が冷たい反応をされるのではないか、誤解されることを言ってしまうのではないか、文化的なサインを見落としてしまうのではないかと心配になる可能性もある。黒人生徒も、カフェテリアにおける自分のアイデンティティ付随条件を知っている。白人生徒と同じテーブルに座れば、他の黒人生徒に裏切り者だとか、白人になりたがっているとみなされる恐れがある。自分が学校で感じているプレッシャーを白人生徒が理解してくれないことや、そのことを言ったとしても、白人生徒は自分たちが責められていると感じるのではないかと心配するかもしれない。自分らしく振る舞うことで、非難されるという心配もあるだろう。このカフェテリアでは、黒人のアイデンティティにも、白人のアイデンティティにも、アメリカの人種の歴史が、生徒たちの日常生活に投影されている。カフェテリアの人種隔離を説明するのに、生徒個人が持ちえる偏見を探す必要はない。それは、二つの集団のアイデンティティ付随条件を反映しているのだ。

ここに本書のテーマを見ることができる。すべてのアイデンティティはローカルなもの、つまりその環境に付随する条件から生まれるのだ。

しかし、アイデンティティと付随条件に関する理解が深まるにしたがい、それが人の心にどのように作用するのかを明確にする必要がある気がしてきた。

3

このことは、わたしがマサチューセッツ州ケンブリッジにあるラドクリフ研究所で講演した後、スタンフォードの研究室に戻ってメールを開いたときも、頭の隅に引っかかっていた。ラドクリフ研究所の前身は、かつてハーバード大学と提携していた名門女子大のラドクリフ大学で、ハーバード大学のすぐそばにある。現在は名門高等研究所となっており、世界的に有名な学者たちが一年間ここでプロジェクトに取り組む。だがその日、わたしの講演を聞きに来たのは、ほとんどがハーバード大学とボストン地区の大学の学生だった。講演のテーマは、「ステレオタイプとアイデンティティ」。わたしはアイデンティティの多重性を説明するために、パワーポイントで年齢、性別、性的指向、人種、職業、国籍、支持政党など計九つのアイデンティティを挙げた。かなり幅広いリストを示せたと、自負していた。ところがその晩届いた一通のメールには次のように書かれていた。

今日、ラドクリフで「ステレオタイプとアイデンティティ」に関する講演を聞きました（いいお話だったと今のところ思っています）。わたしはスタンフォードの卒業生（一九九八年生）で、現在双極性障害を患っています。このため付随条件などのお話に、非常に共感を覚えました。調子がいいときでさえ、わたしは自分がまともじゃないと思われるのではないかと心配です。たいていは社会の普通の一員として過ごしているのですが、双極性障害の患者のサポートグループに行くと、もっと気が軽くなり、もっとオープンになれます。でも、今日の質疑応答のとき、その話をすることができませんでした。もしかしたら聴衆の中に、将来わたしの採用面接官となる人がいて、その発言のために差別されてしまうかもしれませんから。自分の病気のことを、同居人（いまは精神疾患を抱える人のための家に住んでいるので、現時点では大丈夫なのですが）や、家族や他の知り合いに打ち明けるべきかどうか考えると、げんなりしてしまいます。あなたの今日の人種や宗教等のリストには、メンタルヘルスは含まれていませんでしたね。実際、よく忘れられてしまうんです。わたしはそれを、自分がちっぽけな存在なんだ、わたしの病気はそのリストにも入らないくらい手に余るものなのだという合図として受け止めました。実名を伏せていただけるなら、このエピソードをご自由にお話しいただいて構いません……。

その学生が、この許可を与えてくれたことをとても感謝している。アイデンティティによる脅威（アイデンティティ付随条件のうち、実際に人を脅かす部分）が、現実にどのように経験されているかを垣間見せてくれるメールだった。

それは漠然とした脅威で、この学生には具体的にいつ、どこで何が起きるかわからなかった。ただ、双極性障害というアイデンティティゆえに、何か悪いことが起きるかもしれないとだけ感じていた。その結果を想像するのは簡単だ。双極性障害だと聴衆や友達や家族に知れたときの恥ずかしさと屈辱感、社会的に拒絶されたり、知り合いと気まずい関係になったり、採用面接に落ちたり、何らかの決めつけをされたり、見捨てられたりする不安――。

アイデンティティによる脅威は漠然としている。家のなかを自由に這い回るヘビのように、とらえどころがない。だから双極性障害の学生は、人々がこの病気についてどう思っているか示すサインはないかと、人と関わるときはいつも神経をとがらせている。そのヘビはどこにいるのか。噛みつかれたら、どのくらい大変なことになるのか。仕事や教育の機会を失うのか。社会から締め出されるのか。

漠然とした脅威は、そのアイデンティティを持つ人の心をいっぱいにする。明確にしなければならなかったポイントはここだ。つまりアイデンティティによる脅威は、アイデンティティが人の行動を支配する最大の方法だ。その日、ラドクリフ研究所の講演会場で、周囲の環境に完璧に溶け込んで見えた大学生が、実のところ頭の中では、双極性障害というアイデンティティによる脅威でいっぱいだった。アイデンティティによる脅威は、漠然としていて多義的かもしれないが、その人の思考を独占するほど強力であり、少なくともその脅威が存続する間、その人が持つ他の多くのアイデンティティ（性別、人種、宗教、若さ、スタンフォードの卒業生であることなど）を凌駕するほど圧倒的な威力があった。

4

フランスのエッセイストで小説家のアミン・マアルーフは、多くのアイデンティティを持つ。レバノンにキリスト教徒として生まれ、アラビア語を母語とし、フランス・イエズス会の学校に入れられた。一九七六年、レバノン内戦を逃れてフランスに移住し、フランス語で執筆活動を開始し、以来ずっとフランスに住んでいる。したがってマアルーフは少なくとも、レバノン人、フランス人、アラブ人、カトリック教徒、作家、男性、移民というアイデンティティを同時に持っている。ひょっとすると彼が『アイデンティティが人を殺す』（小野正嗣訳、筑摩書房、２０１９年）という極めて鋭い本を書けたのは、こうしたアイデンティティの多重性のおかげかもしれない。この本の中心的な問いは、現代にも深く響く。「なぜこれほど多くの人が、アイデンティティの名の下に犯罪（と暴力）を犯すのか」。その答えは、人は自分のアイデンティティが攻撃されていると感じるとき、個人の名の下では決してできないことができるからだ。つまり自分の国、自分の宗教、自分の地方、自分の民族、あるいは世界における自分の集団のイメージを守るという大義名分のためなら、通常なら想像もできない手段に訴えることができる。『アイデンティティが人を殺す』は現代社会を蝕むテロリズム、戦争、そしてジェノサイドの拡大を説明するとともに、人間の心を占領するアイデンティティ脅威の威力を説明しているのだ。

> 人はしばしば、自分が忠義を感じるもの（アイデンティティ）のうち、最も攻撃を受けているものによって自分を定義する。そして、自分がその忠義を防衛する強さを持たないとき、それを隠す。するとその忠義は闇に深く埋もれて、報復のときを待つ。しかし、それを認めるか隠すかにかかわらず、また控えめに宣言するか誇示するかにかかわらず、その人物が自分のアイデンティティを考えるときは、この忠義が伴われる。**すると、それが肌の色であろうと、宗教や言語、階級であろうと、その人物の全アイデンティティを征服する。**同じ忠義を持つ人たちが共感を示す。彼らは集まって、力を合わせ、互いに励まし合い、「向こう」に挑戦状を叩きつける。（太字は本書で追加）

マアルーフが強調しているポイントは、わたしの見解と似ている。すなわち、ある人の感情や思考において、一つのアイデンティティを際立ったものにするのは、そのアイデンティティへの脅威だ。わたしの講演を聞きに来た学生に、双極性障害というアイデンティティを主張させたのは、それが露呈することで、人間関係や仕事を失うかもしれないという脅威だった。この脅威のために、彼女が持つあらゆるアイデンティティのうち、脅威にさらされたアイデンティティ（双極性障害）

が、彼女の感情や思考を支配した。「その人物の全アイデンティティを征服する」わけだ。

マアルーフとわたしの考えでは、脅威にさらされたアイデンティティは、他のどんなアイデンティティよりも重要に感じられる。特定の特性を持つがゆえに脅かされることが、その人の自己認識を形成するのだ。

たとえば、人生、学校、職場、家庭での重要な場面を思い浮かべてみてほしい。あなたが女性、高齢者、黒人、あるいは話し方にスペイン語なまりがあっても、それによって特段の問題がなければ、これらの特性を重要なアイデンティティとして認識することはないだろう。それらはあなたの特性に過ぎない。大切には思っているかもしれないが、その場面では、あなたの物の見方や、親近感を覚える人、その場で起きたことへの感情的反応、共感する人などに大きな影響を与えていない。つまり「あなたらしさ」に影響を与える中心的な特性ではない。

あるアイデンティティを持っているという気づきは、ある特性を持つがゆえに、重要なアイデンティティ付随条件（通常は、あなたが所属する集団に対するネガティブなステレオタイプ、何らかの集団隔離、差別、偏見といった、脅威または制約を与える付随条件）に対処しなければならないことから生じる。単なる「特性」を「アイデンティティ」に進化させるのは、その特性に伴う付随条件（たいてい脅威を与える付随条件）なのだ。

わたしが七歳か八歳のときに、黒人のルーツについてもっと関心を持つべきだと説教されていたとしても、そこまで関心を持たなかっただろう（多少は耳を傾けたと思うが）。だが、スイミングプールの利用を制限されたからこそ、幼心にこのアイデンティティについて考え込むようになったのだ。そのアイデンティティは、ブロヤードにとってほど重荷ではなかった。わたしは彼よりも後の世代だ。人生の重要な場面の多くで人種による付随条件を経験したが、付随条件下で生きた先人たちの、パワフルでポジティブな話をたくさん見聞きしていた。このアイデンティティは、わたしの好みや視点、自意識などに多くの影響を与えてきたが、それを意識する最初のきっかけは水曜日以外はプールを使えないというアイデンティティ付随条件だった。

もちろんアイデンティティが、ポジティブあるいはニュートラルな付随条件を伴うこともある。男性は男性用トイレを利用し、女性は女性用トイレを利用する。これは性的なアイデンティティ付随条件だが、極めて日常的で基本的にニュートラルなため、アイデンティティ付随条件と認識されることはない。わたしたちはこの付随条件ゆえに、世界を性的アイデンティティに基づいて見たり、感じたり、経験することはない（間違ったトイレに入るか、中性的なルックスをしている場合は別だが。その場合、性的に分類されたトイレは、ネガティブなアイデンティティ付随条件となり、自分の性的アイデンティティを強く意識させるだろう）。

ポジティブなアイデンティティ付随条件も、アイデンティティを意識させることはほとんどない。即席でバスケットボールをやることになり、チーム分けをするとき、わたしが早くに選ばれるのは、わたしが黒人だからかもしれない。そしてたしかにこの社会では、バスケットボールにおいては黒人はポジティブなステレオタイプを抱かれている。だが、先に選ばれることは何ら不快感を伴わないから、わたしはそれに気づかないだろう。自分にアドバンテージがあることに気づかず、みんなと同じように評価されたと思うだろう。つまり自分の根底にあるアイデンティティをさほど意識しない。

アイデンティティを強烈に意識させる可能性が最も高いのは、脅威を与えるアイデンティティ付随条件だ。そのアイデンティティを持っているがゆえに、自分に何か悪いことが起きるかもしれないという脅威だ。確実である必要はない。それが起きるかもしれないだけで十分だ。その可能性が神経をとがらせ、そのアイデンティティで頭をいっぱいにする。

わたしの講演を聞きにきた双極性障害の学生は、その問いを無視できなかった。彼女は知りたかった。「アイデンティティがもたらす苦境の専門家が、わたしのアイデンティティを取り上げないなんてどういうこと？」「双極性障害を持つことは、あまりにも悪いことだから言及されなかったの？」。彼女はサインを発見し、自分のアイデンティティの意味と、それが自分の人生に与える悪影響を考えた。

ジェームズ・コマーは、アメリカで極めて大きな成功を収めた学校改革の考案者だ。彼の戦略が慎重に実施された結果、生徒のテストの点数は劇的に上昇して、ランキング下位の公立校が上位校に変身した例がいくつもある。なかでも低所得地区に住むマイノリティ生徒は、これまで本書で説明してきたステレオタイプ脅威に苦しむ可能性があることを、コマーは知っている。この脅威を緩和するため、彼はシンプルな助言をする。その地区の住民に対する偏見を反映するような事件が起きたら、一度目は「無視しろ」と言う。同じことがもう一度起きたら、やはり無視するように言う。だが、三度目は、大騒ぎすべきだと言う。

これは確率を重視する戦略だ。人種的あるいは階級的な偏見のサインのようにみえる初期の事件は、おそらく偏見のサインではない。わたしはコマーとふざけて推測しあったものだ。最初の事件の何％が偶然なのか。三〇％か、七〇％か。その確率は変わるのか——。確固たる数字は誰にもわからない。彼の助言の素晴らしいところは、生徒たちの心理的負担（漠然性から生まれる不安、自分は人種と階層によって判断されるのかという不安、アイデンティティ付随条件に関する不安）を軽減していることだ。彼の助言を習慣にすれば、漠然としていることは、どのレベルまできたら心配する価値があるかという線引きが可能になる。状況がもっとはっきりするまで、アイデンティティに関する心配は後回しにしていいのだ、と。

あるアイデンティティが「全アイデンティティを征服する」のはそれが脅威をもたらすからだ。双極性障害を持つ女子学生の例では、不採用や社会的拒絶、人前で恥をかく可能性といった深刻な脅威によって、そのアイデンティティが他の全アイデンティティを征服した。だが、アイデンティティが人間の機能に影響を及ぼすには、ここまで深刻な付随条件が必要なのか。実のところわたしたちの研究では、ごく最小限のアイデンティティによる脅威でも、人を圧倒して、その行動に影響を与えることがわかった。

5

一九六九年の夏、世界的に有名な社会心理学者ヘンリー・タジフェルは、英ブリストル大学のチェアシップ教授のポジションを引き受けた直後、マイケル・ビリグ、M・G・バンディ、そしてクロード・フラマンの助けを得て、ある実験を行った。一四～一五歳の少年六四人を八人ずつに分けて、目視判断を調べる実験だと告げ、四〇個の点からなるクラスターをスクリーンに一瞬だけ映し出し、何個の点が見えたか聞く。タジフェルらはその回答を見て、実際の点の数よりも「多すぎる」または「少なすぎる」と少年たちに伝えたが、それは表向きの評価で、実際にはランダムに「多い」「少ない」と言っているに過ぎなかった。

次に、少年たちは一人ひとりパーティションで仕切られたスペースに連れて行かれ、実験に参加した別の少年二人に、金銭的な報酬の分配を決めるための点数をつけるように言われる。与えられる情報は、その二人が「多すぎる」と評価されたか、「少なすぎる」と評価されたかということだけだ。点数は、複数の配点パターンから選ぶ。ただし二人とも同点という配点方法はない。果たして少年は、自分と同じ評価をされた少年に高い点数をつけるだろうか。

答えは、「イエス」だった。少年たちは、点数をつける相手が二人とも自分と同じ評価をされていた場合は、できるだけ点差が少ない配点方法を選び、二人のうちどちらかが自分と同じ場合は、必ずその少年に高い点数を与える配点方法を選んだ。その場で作られた最小限のアイデンティティさえも、差別を引き起こしたのだ。

タジフェルらはもう一つ実験を行った。やはり一四～一五歳の少年たちを、テクニックも画風もよく似た二〇世紀初期のヨーロッパの画家、パウル・クレーとワシリー・カンディンスキーの作品のどちらを好きかによってグループ分けした。そして再び、それぞれの少年に、別の二人の少年の報酬の分配にかかわる点数を決めてもらうことにした。ただし今回は、配点表ではなく、配点の戦略を選ばせた。選択肢は三つ。異なるグループに属する二人に常に同点をつける戦略、二つのグループの共同利益を常に最大化する戦略、そして、総合的には自分のグループの利益が常に最大化する戦略だ。

この実験でも、少年たちは差別をした。**たとえ、自分のグループの少年と別のグループの少年が同点を取るようにしたほうが高い点数を得られても、二人の得点を比較したとき、自分のグループの少年のほうが高い点を得られる配点方法を選んだのだ。**オックスフォードの出身の少年たちは、みな競争的だったらしい。グループが優位に立つために、利益を犠牲にした——実はそのグループは、ランダムに構成されていたにもかかわらず。

実はこのような振る舞いをするのは、オックスフォードの少年たちだけではない。三五年前にこの発見がなされて以来、同じ実験が世界数十カ国で、何百ものグループを対象に一〇〇〇回以上も行われてきたが「最小条件集団のパラダイム」に免疫を示した人や国は存在しなかった。

なぜ、人はそんなに簡単に差別をするのか。タジフェルと教え子のジョン・ターナーは、シンプルな仮説を示した。自尊心だ。人は、自分にポジティブな評価を与えるために、自分が属する集団をポジティブに評価する。たとえその集団が、「スクリーンに映し出された点の数を少なめに見積もった」といった「最小限」の共通項に基づき作られた一時的な集団であっても、だ。「出身高校」のように、より重要な共通項に基づく集団だと、その思考プロセスはもっとわかりやすくなる。自分をポジティブに評価するために、自分の出身高校をポジティブに評価するのだ。このことは、あらゆるタイプの集団や所属（居住地区、都市、年齢層、所得層など）に当てはまる。そして自分の属する集団をポジティブに評価するために、自分と同じ集団の人をひいきする。つまり自尊心を求める気持ちが、集団びいきをもたらすのだ。本人はあまり意識していなかったとしても、こうしたことが起きるのは確かなようだ。

タジフェルらの実験は、一見したところ明白ではなかった複数の深遠なポイントを明らかにした。人の自己愛への渇望は、些細な集団アイデンティティを意識させるほど強力であること、他人が自分の集団に属さないこと以外何も知らなくても差別する可能性がある（そして自分の集団が些細な共通点をベースにしているに過ぎない場合でも）こと、そしてこれが地球上の事実上すべての人に当てはまることだ（ただし、集団主義的な社会出身の人にはあまり当てはまらないという調査結果が存在する）。

人間のバイアスに火を付けるのは、なんと簡単なのだろう。加害者にも被害者にも特別なことは何も必要ない。普通の人間の機能（自尊心を維持する）だけで十分なのだ。これは人間の心理についての大発見だった。

そしてタジフェルは、集団的なバイアスに必要な最小限の条件を示すなかで、集団的なアイデンティティを意識するのに必要な最小限の条件も示した。特定のアイデンティティを自覚したり、そのアイデンティティがわたしたちを制御し、わたしたちの行動に影響を与えたりするには、「最小限の」共通項があれば十分なのだ。「スクリーンに映し出された点が多すぎると判断した」と分類される（間違いなく最小限の共通項だが、アイデンティティとして認識させるには十分な共通項）だけで、少なくとも一時的に「全アイデンティティを征服する」のに十分だ。人間は、アイデンティティに極めて敏感に反応するのだ。

6

少し前、ナショナル・パブリック・ラジオ（NPR）の人気番組『ディス・アメリカン・ライフ』で、わたしたちの研究テーマに大きく関係するインタビューが放送された。「人種や性別や支持政党に基づくアイデンティティ付随条件が特定の環境に根ざしているならば、場所を変えれば付随条件はなくなる」ことを示唆する内容だった。つまり、あるタイプの人間だという自覚や、それに基づく行動は、わたしたちが思うよりも環境によって変わりやすいのかもしれない、ということだ。わたしたちの研究でも、その可能性は示されていた。女子学生と黒人学生は、ステレオタイプ脅威というアイデンティティ付随条件にさらされると成績不振に陥るが、それが取り除かれると、成績不振には陥らなかった。彼らのアイデンティティが能力に与える影響は、環境が変わると劇的に変わったのだ。それでもわたしは確信を持ちきれなかった。環境が変わると、「全アイデンティティを征服」していたアイデンティティの威力が変わるという状況が、なかなか想像できなかったのだ。そんなことが現実にありえるのだろうか。実例が一つでも見つかれば、わたしたちの研究に弾みがつくのだが。『ディス・アメリカン・ライフ』を聞いたのはそんなときだった。

その日のテーマは、「なぜアメリカ人はパリがそんなに好きなのか」だった。司会者のアイラ・グラスは、とりわけパリに住むアフリカ系アメリカ人に注目していた。ジェームズ・ボールドウィン（小説家）からジョセフィン・ベーカー（歌手）、リチャード・ライト（小説家）、さらには無数のジャズ・ミュージシャンまで、昔から多くのアフリカ系アメリカ人アーティストが好んでパリを拠点にしてきた。それは、二〇世紀初めの芸術家コミュニティから現代まで、長く続く伝統と言ってもいい。そこでグラスは、パリに住んで数年になるという若いアフリカ系アメリカ人の女性に、パリに住むことは今も極上の経験なのかと質問した。

女性はまず、アメリカに住んでいたときのことを話した。彼女はブルックリンで生まれ、低所得者向け公営住宅で育った。学業優秀だったが、それは友達を増やす助けにはあまりならなかった。大学ではもっと友達ができるかと思ったが、やはりそうはいかなかった。中流の黒人女子学生たちは彼女を「団地の子」と見下し、彼女は中流の子たちを「お高くとまっている」と感じた。ピリピりした毎日だった。白人女子学生の存在も助けにならなかった。そもそも白人学生とは、一緒になることがあまりなかった。それにアメリカ社会は、歴史と現在の出来事の両方を反映して、今も人種を中心に構成されており、誰もがアイデンティティ付随条件を抱えている。ひょっとするとそれは、ブルックリンの団地出身の黒人女性には、特にそう感じられたのかもしれない。

あるとき彼女はパリを訪れた。観光目的だったのだが、その美しさと快適さを気に入り、引っ越し、仕事を見つけ、フランス語を学び、半永久的にここに住もうと決意した。

グラスは彼女に、パリでの人種に関する経験を尋ねた。彼女の声が明るくなるのがわかった。幸福感がにじみ出ていた。もちろんパリでも彼女が黒人であることに変わりはないが、パリの人々にとって、それは彼女を定義する最大の特性ではなかった。パリの人々にとって肌が黒いこと、とりわけ教育のある黒人であることは、アメリカとは意味が異なるのだと彼女は言った。パリジャンはアフリカ系アメリカ人のことが好きで、ジャズやアフリカ系アメリカ人作家に恋している。パリではじめて、完全な人間として扱われるとはどういうことかを知ったと、彼女は語った。

もちろんフランス人にも偏見はあると、彼女はすぐに付け加えた。同じ黒人でも、フランス人は元植民地である北アフリカ系移民には冷たい。彼女の英語なまりのフランス語が、北アフリカ出身者と間違われない助けになっているのだという。彼女の観察によれば、フランス人と北アフリカ出身者の関係は、アメリカの黒人と白人の関係に似ている。しかしマイノリティを社会に受け入れるという点では、フランスはアメリカよりも閉鎖的であり、彼女自身いかにフランス語が上達しても、完全なフランス人として受け入れられることはないだろうという。

それでも、彼女は地下鉄に乗っているとき、「この国に住まわせてくれてありがとう」と、フランス人に小声で感謝するときがあるという。パリではくつろぐことができる。おそらくアメリカに帰ることはないだろう——。

すべてのアイデンティティは特定の場所に根ざしたローカルなものだと、わたしは主張してきた。この女性はパリに行くことで、アイデンティティ付随条件を変えた。そしてそれによって、彼女の心理と日常で重要な意味を持つアイデンティティの順番が変わった。パリでは、黒人であることの重要性が著しく低下した。なにしろ黒人のアメリカ人であることは、愛情を持って見られる理由にさえなったのだ。「団地の子」というアイデンティティと、「お高くとまった」女の子たちとの対立も、完全に捨てることができた。こうしたアイデンティティも、どんな付随条件も、パリでは問題にならなかった。グラスが言うように、アメリカでは中心的かつ決定的な役割を果たしていた彼女のアイデンティティの葛藤が、パリでは消えてしまったのだ。

この女性は、ブロヤードがパッシングによって達成した多くのことを達成した。パッシングは自分の人種を変えるが、居住する国は変わらない。彼女の場合は、人種は同じだが、居住する場所を変えた。だが、付随条件の制約を低下させるという意味では、二人の戦略は表裏一体だ。

このパリ在住のアフリカ系アメリカ人女性は、アフリカ系アメリカ人のアイデンティティの痕跡をまったく失ったわけではない。間違いなく痕跡は残っている。ハンバーガーやバーベキューや野球が好きなこと、日常的に人に微笑みかけたり挨拶したりすること、特定の音楽の好みなどだ。また、パリに住むアメリカ人との付き合いに大きな喜びを感じるかもしれない。だがアフリカ系アメリカ人のアイデンティティに由来する特性は、パリでの新しい生活ではさほど大きな意味を持たず、時間とともに消えていく可能性さえある。

ラジオで彼女の経験を聞きながら、「フランス人」として受け入れられないと、どのような制約が生じるのだろうかとわたしは考えた。公職に立候補できないこと、医者や教授など一部の専門職に就けないことだろうか。また、国外に住むことでアイデンティティ付随条件を縮小するという戦術は、やめるのが難しいのではないだろうか。パリから戻れば、現代アメリカにおけるジェンダーアイデンティティ、人種アイデンティティの付随条件をあらためて学ばなければならない。付随条件は時代とともに変化するからだ。アメリカから離れている時間が長いほど、帰国したとき学ばなければならないことは増え、新しいアイデンティティ構築に苦労する恐れがある。パッシングにも同じリスクがある。だからブロヤードは自分の子どもにさえ、自分の人種的アイデンティティをなかなか明かせなかったのかもしれない。もし打ち明ければ、彼は黒人に戻らなければならず、新しい付随条件に基づき、黒人としてのアイデンティティを構築しなければならなかっただろう。ゲイツによると、ブロヤードの妻サンディーは、子どもたちに自分の人種を明かすよう夫に何度も訴えたが、ブロヤードは断固拒否した。「戻ること」、つまり黒人というアイデンティティの新しい付随条件を学ぶことによる困難は、とてつもなく巨大だったからだろう。彼ほどの著名人なら、なおさらだ。

グラスのラジオ番組を聴きながら、そんな考えが次々と浮かんできた。だが、そのパリ在住の女性は、そういったことに気づいていたとしても、思い悩んではいなかったようだ。

わたしたちの実験では、一般にアイデンティティに紐づいた知的能力に由来するステレオタイプ（たとえば、女性の数学能力に由来すると考えられている女子学生の数学の成績）によるプレッシャーは、アイデンティティ付随条件を変えると、劇的に変えられることがわかった。アイデンティティそのものの変更（パッシングや外国への移住）は、わたしたちが実験室で見てきたことが、アイデンティティの一面に過ぎないことを示唆していた。つまりあるアイデンティティが重要な意味を持つかどうかは、付随条件（そのアイデンティティを持つがゆえに対処しなければならない日常の現実）によって左右されるらしい。パッシングによって、あるいは外国に移住することによって、付随条件を取り除くと、関連するアイデンティティそのものが無意味になる可能性がある。パリに移住すれば、人生を決定づけていたアイデンティティの葛藤が消えるのだ。

これはアイデンティティについて何を物語っているのか。わたしたちの研究の原点である、マイノリティの成績不振という問題を緩和するためには、何が必要なのだろうか。二つの不可避的な結論が浮かんでくる。第一に、わたしたちのアイデンティティは、生活環境、つまりアイデンティティ付随条件によって形を変えることだ。環境に適応する上で必要ないなら、ものの見方や感情的傾向、価値観、野心、癖といった、アイデンティティの気質的な側面は、少しずつ消えていく。第二の結論は、本書のより実践的な方向性を予兆するものだ。すなわち、アイデンティティと関連する行動や結果（たとえば、コンピューター科学業界には女性があまりにも少ない）を変えたいなら、そのアイデンティティの内的兆候（価値観や姿勢など）を変えることではなく、その内的兆候が適応している環境を変えることに力を注ぐべきだということだ。二〇世紀初頭の偉大な黒人コメディアンであるバート・ウィリアムズは、「わたしは、ニグロであることを不名誉だと思ったことは一度もないが、不便だと思ったことはあると認めなくてはならない」と言った。その表現を借りれば、ニグロであることの「不名誉」意識を変えようとするのではなく、ニグロであるがゆえに「不便なこと」、つまりアイデンティティの付随条件を変えるのだ。

わたしの研究チームのアイデンティティへの理解は深まってはいたが、科学はそれを実証研究で示すことを要求する。その理解は、明確かつ実験可能なことを示唆していた。女子学生と黒人学生に観察された影響が、これらの集団の特性ではなく、アイデンティティと紐づいたステレオタイプ脅威に由来するなら、他の多くの集団にもさまざまなステレオタイプと、さまざまな成績や行動に関連して、同じような影響を観察できるはずだ。その証拠が増えれば、わたしたちの理解に実証研究の重みが加わるはずだ。

それでは、本書の本論、すなわちステレオタイプ脅威とその治癒に関する研究に話を戻そう。

1 アイデンティティを持つがゆえの制約

2 アイデンティティと成績の不可思議な関係

3 ステレオタイプ脅威の正体

4 何を主要なアイデンティティと捉えるか

5章 誰しもが影響を受ける
アジア系女子大生が教えてくれたこと

6 優秀な人ほど打ちのめされる

7 思考と身体への負担

8 環境に潜む「サイン」の働き

9 ステレオタイプ脅威を縮小する方法

10 わたしたちを分断するもの

11 人をつなぐ橋としてのアイデンティティ

1

名門大学の白人学生テッド・マクドゥーガルは、「アフリカ系アメリカ人の政治学」の授業にはじめて出席したとき、無意識のうちに数えていた。履修者四五人のうち、白人はテッドともう一人だけ。アジア系が数人。あとは全員黒人だ。テッドはアフリカ系アメリカ人の歴史をよく知らなかったが、自分の視野を広めたくて、その授業を履修したのだった。だが、席に着くとき、マンガの吹き出しのように自分の頭の周りに声が漂っているのを感じた。「アフリカ系アメリカ人の政治学」の授業に、白人野郎が何の用だ?

授業は歴史から始まった。南北戦争後も、白人が南部を政治的に支配し続けるために、暴力が大きな役割を果たしたことが焦点だった。パワーポイントで鞭打ちの写真が映し出される。教授は、この出来事に関わった人の立場に立ってみるよう学生たちを促した。白熱したディスカッションが始まった。やがてテッドは、黒人学生たちが「わたしたち」という言葉を使い始めたことに気がついた。そこには自分が含まれないことにも気づいていた。さらに「白人」という表現が出てきた。「白人は歴史のこの部分を避けようとする」「白人はこうした犯罪の責任を取ろうとしない」。テッドは居心地が悪くなった。彼がその話をしてくれたのは、それから何週間も後、わたしたちが研究の一環として聞き取り調査をしたときのことだ。「この大学にふさわしい学力があることを証明しなくてはと、焦ることはよくあります」と、テッドは大学の書店に併設されたカフェで語った。だが、「アフリカ系アメリカ人の政治学」の授業では、それとは別のことを証明する必要性を感じたという。善良な人間であること、その大義の味方であること、そして人種差別主義者ではないこと——。

テッドは教室で、さまざまなプレッシャーを感じていた。講義とディスカッションに参加する一方で、自分の発言と思考が「白人野郎が何の用だ」という疑念が正しいことを証明するのではないかとビクビクしていた。だから発言はあくまで表面的なレベルにとどめ、クラスメートに不快感を与えないよう気を配った。たとえば、公民権運動の指導者ベイヤード・ラスティンのことを大好きだと明言する一方で、ラスティンの役割を詳しく知らないことをひた隠しにした。疑問があっても口に出さず、押し黙っていた。もう一人の白人クラスメートも同じように振る舞っていた。基本的に二人とも発言をしなかった。初回授業の最後に、教授が学生たちに名前と専攻を聞いて回ったときもほとんど声が出ず、「テッド」ではなく「ヘッド」と言ってしまった。授業中はイスに深く座り目立たないようにしていた。

わたしたちが聞き取り調査を行った秋学期半ばになっても、状況はさほど改善していなかった。緊張で勉強に支障が出ているかと聞くと、テッドはそう思うと答えた。寮の部屋で、セント・クレア・ドレイクとホレス・ケイトンの共著『Black Metropolis: A Study of Negro Life in a Northern

City』（未邦訳）の一部を読んだときのことを話してくれた。黒人の人口増が二〇世紀半ばのシカゴの政治に与えた影響を論じた部分で、テッドは自分が正確に理解しているか自信がなかった。もしかすると自分の解釈にはバイアスがかかっているかもしれない。無意識のうちに偏見やステレオタイプの混ざった思考をしていたり、ナイーブな思考をしていたりするのかもしれない——。寮に一人でいるときでさえ、テッドの思考は正常に働かず、不安でいっぱいになっていた。

一方で、黒人学生にとっては、「アフリカ系アメリカ人の政治学」の授業は素晴らしいもののようだった。「彼らにとっては、自分がいかに賢いかを示すチャンスだった」と、テッドは言った。他のほとんどの授業では黒人は少数派だ。超少数派であることも多い。そうした授業では、彼らはテッドが「アフリカ系アメリカ人の政治学」の授業で感じるのと同じような心理なのかもしれない。それはテッドがこの授業の履修をやめなかった理由の一つだ。同時に、この授業はテッドに重要な気づきをもたらした。環境が自分の知的能力に影響を与えていることに気がついたのだ。プレッシャーのせいで、彼は安全で、無難で、表面的な思考しかできなくなり、課題資料にも無心でのめり込めなくなった。一方で経験と数において優位にあった黒人学生たちは、無心で課題に取り組み、積極的に関与し、優れた意見を述べる傾向にあった。

授業によって、自分の知的能力がこれほど大きな影響を受けたことに驚いたと、テッドは言う。そこでわたしは、「白人であることや黒人であることといったアイデンティティの持つ意味は、環境によって変わる」という、わたしたちの見解を話した。そして、おそらくテッドがその授業で

「白人であること」を強烈に意識したのは、少数派という環境のせいだと説明した。また、授業では、白人のネガティブなステレオタイプ（人種差別主義者、あるいは人種問題に鈍感）が頻繁に指摘されていたため、プレッシャーを感じたのだろうということも。

わたしはこのプレッシャーを、この授業における彼のアイデンティティ付随条件、すなわち試練だと説明した。テッドはじっと聞いていた。そこでわたしは一段と道徳家じみて、おそらくこれは貴重な学びの機会なのだと説いた。自分とは異なる集団の経験を垣間見ることで、幅広い視野が得られ、偏見のない人間になれるのだ、と。彼はじっと聞いていた。そして「それはいいことですね」と言った。しかし最後にこう言った。その授業で一番驚いたのは、授業が自分と黒人クラスメートの知的能力に大きな影響を与えていたことだ、と。

テッドの経験（授業への参加意欲の喪失や自分の能力に対するコンプレックス、課題資料に集中できないこと、成績不振）は、上級数学のテストを受けた女子学生や、難しい学力試験を受けた黒人学生の反応と似ていた。ただ、その引き金となったアイデンティティは異なる。テッドは白人男性で、女性でも黒人でもない。脅威の影響も違う。テッドの場合、問題が表れたのは成績ではなく、授業への参加意欲やコンプレックスだった。彼が追認するのではないかと恐れたステレオタイプも、女子学生や黒人学生とは違っていた。つまりテッドは、自分に知性がないと見られることではなく、人種問題に鈍感だと思われることを心配していた。また、自分が少数派ではない他のクラスでは、このプレッシャーから解放されている自分に気づいていた。黒人学生の場合は逆だ。彼らにとって、

「アフリカ系アメリカ人の政治学」は、数の上で安全を享受できるわずかな授業の一つだった。

テッドのエピソードは、ある明確なことを示していた。すなわち、女子学生や黒人学生の知的能力の発揮を妨げるステレオタイプ脅威は、状況や形が変われば、誰にでもダメージを与える一般的な現象であるらしいことだ。地球上のあらゆる集団——年寄り、若者、北部出身、南部出身、WASP（アングロサクソン系白人でプロテスタント）、コンピューターの天才、カリフォルニア育ち——が、何らかのネガティブなステレオタイプを持たされている。そしてある特定の行動をすると、または、そのステレオタイプを喚起する環境に置かれると、それに基づき評価されたり、扱われたりすることを恐れて、ステレオタイプを追認しないように（つまり自分は当てはまらないように）しなくてはというプレッシャーを感じるのだ。こうしたステレオタイプ脅威は、誰もが日常的に経験している。

だが、この研究を始めた当初はその証拠がまったくなかった。理数系の女子学生と、優秀な黒人学生が、ステレオタイプ脅威にさらされることは証明できた。異なる二つの集団に見られるのだから、一般論に近いと言うこともできた。だが懐疑派は、彼らは、ネガティブなステレオタイプを内面化させたために、ステレオタイプ脅威の影響を受けやすくなった（成績不振に陥りやすい性質になった）のではないかと主張するかもしれない。これは第三章で紹介したゴードン・オルポートの言葉「自分に関する評判が当たっていようが、そうでなかろうが、何度も、何度も、何度も頭に叩き込まれれば、それが本人の性質に影響を与えないわけがない」と重なる。では、成長過程でこうした「叩き込み」を受けていなくても、自分の能力に不信感を抱くことはあるのか。

これは「実証的な問い」、すなわち研究で答えを出せる問いであり、推測ではなく研究によって答えを出すべきだ。具体的な問いは二つ。第一に、ステレオタイプ脅威が行動に影響を及ぼすためには、その影響を受けやすくする素地が必要なのか。第二に、ステレオタイプ脅威が、黒人学生と女子学生以外の集団にも影響を与える例はあるのか。

そこでさっそく、第一の問いを明らかにする実験の設計にとりかかった。当時、わたしの研究室の向かい側に、社会心理学者のなかの社会心理学者と呼ばれるリー・ロスの研究室があった。多面的な視点を持つリーのことを、教え子たちは社会心理学のチャーリー・パーカーとも呼んだ。ジャズ・サックス奏者のパーカーのように、リーは複雑なメロディーラインを自在に奏でることができた。そんな人物がこんなに近くにいるのに意見を聞かないなんてもったいない。わたしはリーと話してみることにした。

リーと話すなかで、わたしたちがやろうとしていることが極めて難解であることがわかってきた。ある集団がネガティブなステレオタイプを持たれていない領域で、ステレオタイプ脅威を与えるにはどうすればいいか。その結果、もし被験者が通常以下の成績を取れば、本人の素地に関係なく、ステレオタイプ脅威は人の知的能力に影響を及ぼすことになる。もし成績が通常どおりなら、ステレオタイプ脅威が威力を発揮するのは、その影響を受けやすい素地を持っている人に対してだけ、ということになる。だが、これを実験でどうやって調べるか。

わたしはジョシュア・アロンソンとマイケル・ラスティーナ、ケリー・キオウ、ジョゼフ・ブラウン、キャサリン・グッドと知恵を寄せ合い、一つの戦略を作った。成績優秀で学力に自信のある理数系の白人男子学生を、別の集団（アジア系アメリカ人）の数学におけるポジティブなステレオタイプという脅威にさらすのだ。具体的には、難度の高い数学のテスト直前に、これはアジア系が数学に強いことを調べる研究であり、テストは「白人よりもアジア系が高得点をマークする傾向がある」と告げる。すると白人学生はわたしたちが過去にやった実験の女子学生と黒人学生と同じ状況に置かれる。自分の属する集団が数学で劣るという、それまで意識したことのないステレオタイプを追認するリスクにさらされるのだ。テストの難度が高いために生じる成績不振が、白人だからアジア系よりも数学能力が劣る証拠と解釈されかねない。この可能性は、数学を得意とする白人学生を動揺させ、テストの成績に影響を与えるほど集中力を削ぐ恐れがある。

実験に参加した白人男子学生たちは、自分の集団の数学能力が低いというステレオタイプを、「頭に叩き込まれて」生きてきていないから、その影響を受けやすい素地を持たないはずだ。それなのに成績不振に陥れば、それはアジア系のほうが優れているというステレオタイプ脅威の影響だと言える。

だが、たとえ「白人は数学の能力が劣っている」というステレオタイプを長期にわたり「頭に叩き込まれて」いなくても、理数系の白人男子学生は「アジア系は数学に強い」というステレオタイプを知っていて、アジア系と比べれば自分の集団の数学能力は低いという意識をすでに持っていたと主張することは、なおも可能だ。だが、次の理由から、この可能性はあまり気に掛ける必要がなさそうだ。まず、ある領域で自分とは異なる集団がポジティブなステレオタイプを抱かれていることは、必ずしも自分がその領域で劣っていることを意味しない。それに、知り合いに数学に強いアジア系学生が大勢いるのでない限り、このステレオタイプを知らないか、強く信じていない可能性がある。

しかし念のため、わたしたちは数学を非常に得意とする白人男子学生だけを対象にすることにした。具体的には、SATの数学で平均七一二点以上（八〇〇点満点中）を取り、数学能力に関する自己評価が極めて高いスタンフォード大学の学生たちだ。彼らなら自分の数学能力に疑いを抱いている可能性は低そうだ。そんな彼らが、アジア系は数学が得意だというステレオタイプにさらされたあと成績不振に陥れば、それはこの状況がもたらしたステレオタイプ脅威が原因だと、かなりの確信を持って言えるだろう。

そしてまさにその通りの結果になった。「アジア系は白人よりも高得点を取る傾向がある」と言われて、難しい一八問のテストを与えられた白人男子学生は、そのような情報を与えられずにテストを受けた白人男子学生よりも、間違いが平均三問多かった。

この即席のステレオタイプは、数学を飛び抜けて得意とする白人男子学生の成績にダメージを与えた。つまりステレオタイプが成績に悪影響を与えるのに、自己不信の素地は必要なさそうだ。

ちょうどこの頃、ハーバード大学の研究チームが、ステレオタイプ脅威は状況依存的であることを示すさらなる証拠を示した。マーガレット・シンとトッド・L・ピティンスキー、ナリニ・アンバディは、ある領域で正反対のステレオタイプを持たれているアイデンティティを両方持つ集団にとって、ステレオタイプ脅威はどのように働くのかという興味深い疑問を持った。その念頭にあったのは、「アジア系女性の数学能力」だ。アジア系女性は、ジェンダー（女性）としてはネガティブなステレオタイプ（数学が苦手）を、民族（アジア系）としてはポジティブなステレオタイプ（数学が得意）を持たれているのだ。

ステレオタイプ脅威が環境に依存するプレッシャーをもたらすなら、事前にどちらのアイデンティティを想起させるかによって、成績が変わるかもしれない。

シンたちは、ボストン地域のアジア系女子大学生（学部生）を集め、二段階の実験に参加してもらった。簡単なアンケートに答えた後、二〇分間の難度の高い数学のテスト（カナダの高校生向け数学大会である「カナダ数学コンペティション（CMC）」で出題された一二問）を受けるというものだ。アンケートの質問事項は、テストを受ける直前に、ジェンダーか民族かのどちらかを想起させるためのものだ。

結果は明白だった。アンケートで女性であることを意識させられた（大学寮は男女共同か、男女共同寮に住む理由、といった設問に答えた）被験者の正答率は四三％で、そうでない被験者（どこの電話会社を使っているかなどの設問に答えた）の正答率は四九％だった。一方、アンケートでアジア系であることを意識させられた（家庭での使用言語や、家族がアメリカにきて何世代目か、などの設問に答えた）女子学生の正答率は五四％に達した。テスト前に想起させるアイデンティティを変えるだけで、正答率が一〇％ポイント以上も変わったのだ。大規模な標準テストなら、全体の成績を劇的に変える可能性があるレベルの変化だ。

もちろん、数学能力や内面化された数学への自信のなさといった内的特性のために、成績が低下した可能性はある。ただ、テスト前にどのアイデンティティが強調されるかによって、成績に影響があるのは間違いない。つまり、どのステレオタイプ脅威が作用するかコントロールできれば、知的能力の発揮に大幅な影響を与えることができるということだ。

この発見をうまく活用すれば、ステレオタイプ脅威の影響を治癒できるかもしれない。たとえば、有害なステレオタイプに対抗するポジティブなアイデンティティを受験者に思い出させる方法がありえる。その数年前、わたしは大学院生のキルステン・スタウトミアと、偶然その証拠を発見していた。理数系の女子学生が難度の高いテストを受ける直前に、スタンフォードの学生であることを思い出させたところ、ステレオタイプ脅威が成績に与える影響が大幅に縮小したのだ。その後、R・B・マッキンタイアと、R・M・ポールソン、そしてチャールズ・ロードも、同じことを発見していたことがわかった。彼らはテストの直前に、ポジティブな女性ロールモデルを想起させることにより、数学の成績にステレオタイプ脅威が与える影響を劇的に低下させた。

人生と同じで、科学に確実なことは滅多にない。だが、次々に明らかになる結果に照らしてみて、わたしたちはステレオタイプ脅威の影響は特定の集団に限定されるものではないと確信を持つようになった。影響を受ける素地は、関連するステレオタイプを知っている程度で十分だということだ。どうやらステレオタイプ脅威は、その影響を受けやすい素地がなくても、その人の知的能力を妨害する状況依存型のプレッシャーのようだ。

そこでわたしたちは第二の課題、すなわちステレオタイプ脅威がさまざまな集団に影響を与える証拠集めにとりかかった。

2

ジャン゠クロード・クロワゼは、フランスの社会心理学者で、ポスドク時代をアメリカで過ごした。背は中くらいだが、マラソンが趣味だけあって贅肉はない。好奇心が強いと同時に、思慮深い研究者だ。クロワゼは労働者階級の出身だった。アメリカで人種が社会的分断の中心にあるのと同じくらい、フランスでは経済的階級が社会的分断の中心に位置する。もしかすると、クロワゼが自分の教えている大学で、下層階級出身の学生（基礎学力が最高レベルの学生を含む）の成績が振るわないことに気づいたのは、自分の出身階級のおかげかもしれない。なぜこのような現象が起きるのかと考えていたとき、クロワゼはわたしとジョシュア・アロンソンの研究（黒人のテスト成績にステレオタイプ脅威が与える影響）を目にした。そして、わたしたちの実験で優秀な黒人学生に起きたことが、フランス下層階級の学生にも起きているのか、つまりこの現象は一般化可能なのかと考えた。

さっそくクロワゼと研究助手のテレザ・クレールは、実験に着手した。フランス南東部にあるクレルモン＝フェラン大学で、フランスの上流階級出身の学生と下層階級出身の学生に、わたしたちがスタンフォード大学でアメリカの白人と黒人の学生にしたのと同じ実験をした。両方のグループに、非常に難度の高い二一問の言語テスト（やはりGREのような統一テストの問題を使った）をやらせる。被験者の半分には、これは言語能力を診断するテストだと直前に伝えた。下層階級出身の学生に、「下層階級の人間は言語能力が低い」というフランスにおけるステレオタイプを想起させ、それを追認する恐れを生じさせるためだ。残りの半分には、このテストは言語能力を診断するものではないと伝えて、テストを受けさせた。

結果は、わたしとジョシュアの実験結果とぴったり一致した。言語能力を診断するテストではないと言われた集団で、下層階級出身の学生の平均点は一一・四点で、上流階級の学生の平均点一〇・三点をやや上回った。一方、これは言語能力を診断するテストだと言われた集団では、下層階級出身の学生の平均点は、上流階級出身の学生の平均点よりも三点も低かった。ステレオタイプ脅威（この場合は言語能力と社会階級についてのステレオタイプに起因する）は、異なる国や文化の、異なる状況における、異なる集団にも当てはまったのだ。

一方、アメリカでは、ノースカロライナ州立大学のトーマス・ヘスのチームが、わたしのような熟年男性に馴染みのあるステレオタイプ脅威の一般化を試みていた。つまり加齢と記憶に関するステレオタイプ脅威を調べたのだ。「高齢者は記憶力が悪い」というステレオタイプを追認する恐れは、高齢者の記憶力に実際に影響を与えるのか。ヘスらは、高齢者（平均七〇・八歳）と若者（平均一九・三歳）に、記憶力テストを受けてもらった。三〇個の単語リストに二分間目を通した後、覚えている単語を書き出してもらうのだ。ただし、一部の被験者には、加齢と記憶力に関するステレオタイプを意識させるため、年を取ると記憶力が落ちるという新聞記事を事前に読んでもらった。すると、このグループが思い出した単語は四四％で、記事をまったく読んでいないか、年齢と記憶力はほぼ無関係だとする記事を読んだグループの五八％よりも大幅に低かった。さらにステレオタイプ脅威にさらされたグループでも、ステレオタイプを強く意識した被験者ほど、成績が悪かった。つまり、年齢の高い高齢者ほど、記憶力を最も心配していたため、思い出した単語は少なかったのだ。

もう一つ、ステレオタイプ脅威の影響が一般化可能であることを示す例として、第一章で紹介したアリゾナ大学のジェフ・ストーンのチームの興味深い研究を思い出してほしい。ステレオタイプ脅威は、運動好きのプリンストン大生のゴルフの成績にも、影響を与えていた。

はじめの実験結果が発表されてから約一五年間で、ステレオタイプ脅威の影響に関する研究は世界中で行われ、女性、黒人、白人男性、ヒスパニック系アメリカ人、アメリカの小学校三年生の少女たちの間で確認されてきた。また、アジア系アメリカ人大学生、臨床心理学者になりたいヨーロッパ出身の男性（「男性は他人の気持ちを理解できない」というネガティブなステレオタイプがテーマだった）、フランス人大学生、ドイツの女子小学生、イタリア駐留米兵、ビジネススクールの女子学生、白人と黒人のスポーツ選手、アメリカの高齢者など多種多様な集団でも観察された。その領域も数学、認知能力、分析力、学力テストの点数、ゴルフのパッティング、反応時間、言語能力、交渉における攻撃性、記憶力、スポーツ選手のジャンプ力など多種多様だ。ネガティブなステレオタイプのプレッシャーを感じるのに、特別な素地は必要ない。研究で見つかった必須要件は一つだけ、その人が自分のパフォーマンスを気にしていることだ。ネガティブなステレオタイプを追認してしまうのではないかという思いが、パフォーマンスを悪化させるほどにその人を動揺させるのだ。

講演などでこの話をすると、多くの質問が噴出する。この脅威は、具体的にどう作用したのか。どうすれば社会や人生で、望まぬステレオタイプ脅威の影響を受けずに済むのか。「教授、もっと努力すれば、ステレオタイプを克服できるのではないですか?」と聞いてくる。そのような質問を受けると、わたしの両親の忠告が生々しく蘇ってくる。

「息子よ、よくわかった。だがおまえはステレオタイプ脅威をモチベーションに変えるべきだ。人の二倍努力して、そんなステレオタイプが間違っていること、そんなステレオタイプを抱く人たちが間違っていることを証明するんだ」

6章 優秀な人ほど打ちのめされる
過剰努力の悲劇

1

フィリップ・アーリ・トライズマンは、数学の能力についてネガティブなステレオタイプを抱かれている集団の学生（カリフォルニア大学バークレー校の黒人学生と、テキサス大学オースティン校の女子学生）のために、独創的なワークショップを考案した数学者だ。若くしてマッカーサー財団の天才助成金をもらったトライズマンの話を聞いていると、彼が幼少のときから頭を使う遊びが大好きだったことがわかる。興味深い発見をすると、新しいアイデアが芋づる式に生まれてくるらしい。

ワークショップも、そうしたアイデアの一つだ。その特徴は、難しい数学にどっぷり浸かることと、グループ学習だ。カリフォルニア大学でトライズマンの初期のワークショップに参加した黒人学生は、一年生の微積分の授業で、他の人種よりも高い成績を収めるようになった。アメリカで大学院レベルの数学を学ぶことにした女性のかなりの数が、テキサス大学でトライズマンの数学のワークショップに参加した経験を持つ。

トライズマンがこのワークショップを考案するきっかけとなったのは、カリフォルニア大学バークレー校で一年生の微積分の授業を担当したことだった。彼はそこで、わたしがのちにミシガン大学で見たのと同じこと、つまり黒人学生の成績不振に気がついた。黒人学生は、入学時のＳＡＴの数学の点数が同レベルの白人やアジア系の学生と比べて、一貫して大学での成績が低かった。トライズマンの偉大なところは、これをありがちなことだと考えず、人類学者のように、学生たちを観察したことだ。

トライズマンは学生たちの許可を得て、文字どおり彼らについてまわり、その生活をつぶさに観察した。誰とどこでどのように勉強するかを観察し、学生寮の部屋で一緒に時間を過ごし、図書館にもついていき、学生たちと一緒に出かけたりもした。

すぐに人種による違いが見えてきた。最も違いが明白だったのは、黒人とアジア系で、白人はその中間だった。アジア系学生は、黒人学生や白人学生と比べて、大学の教室でもプライベートでもグループで勉強することが多い。これは微積分を学ぶうえで強力なアドバンテージになる。ある問題を解けない学生がいても、別の学生が解いて、解き方を説明してくれる。だから彼らは、微積分の概念を理解することに多くの時間を割き、計算にかける時間は少なくて済んだ（おかげで宿題が短時間で終わった）。誤解があればすぐに誰かが指摘し、訂正した。教員の間違いに気づくことさえあった。また、アジア系学生は勉強と社交の区別がほとんどなかった。土曜日の夜の図書館でのグループ学習は、数学の問題を解くと同時に、社交の時間とみなされた。

白人学生は一人で勉強することが多かったが、友達や教員助手に気軽に助けを求めた。教室の外で微積分について情報を交換し、さまざまな問題についてノートを比較しあったが、社交の場面になるとアジア系学生ほど勉強の話をすることはなかった。

黒人学生はどちらの集団とも対照的だった。一人でいることに徹底的にこだわり、勉強するときは完全に他人を締め出した。授業が終わると寮の部屋に戻り、ドアを閉めて、長い時間自習に励んだ。白人やアジア系学生よりも長い時間だ。黒人学生の多くは、家族で初の大学進学者で、一家の期待を背負っていた。トライズマンが二段ベッドに座って観察した多くの黒人学生の勉強方法は、教室で彼らに起きていた問題の多くを説明していた。一人ぼっちでやっているから、問題を正しく理解しているかどうか確認するには、教科書の後ろにある解答をチェックするしかない。そうすると微積分の概念を理解することよりも、模範解答に対して自分の計算が合っているかチェックすることに時間をとられてしまい、勉強時間は長いのにテストの点数は、白人やアジア系学生よりも低かった。すると漠然と感じていた人種的ステレオタイプが自分に該当するのではないかと思えてくる。

そうやって挫折感を味わうと、ますます教室の外では授業内容についてあまり話さず、勉強と社交を厳密に分けるようになる。そのため他の学生も勉強に不安と困難を抱えていることを知るチャンスを逃してしまう。悩んでいるのは自分だけで、それは自分と自分の集団の能力の低さを反映しているのではないかと疑うようになる。教員に助けを求めることも思いとどまってしまう。悪い成績を取ると、努力を倍増させるが、やはりその勉強方法は孤立している。そして最終的にはやる気を失い、自分には微積分が（ひょっとすると大学自体が）合わないのだと思うようになる。微積分のような基礎科目の成績が悪いと、一部の職業（物理学者、歯科医、エンジニアなど）に就くのに必要な専門科目を履修できなくなる。一年生の微積分の授業が終わりに近づくと、彼らは目標を下げ始める。医師は諦めて、公衆衛生の仕事に就こうと思うようになる。それなら微積分の単位が必要ないから――。

ジェフは、トライズマンのインタビューを受けた学生の一人だった。サンフランシスコでも指折りのキリスト教系私立高校にいた時は、SATで六〇〇点近くを取り、全米でも（とりわけ黒人学生の）トップクラスの成績だった。やる気満々でカリフォルニア大学に進学し、家族もコミュニティも温かくサポートしてくれていた。一年生のときのジェフの経験について、トライズマンは次のように記録している。

はじめて会ったとき、ジェフは微積分の授業で隣に座っている白人学生二人に対する怒りをあらわにした。彼らは授業中にプレイボーイ誌を読み、紙袋に隠したビールをラッパ飲みしていた。中間試験の頃には、彼らの行動を神への冒瀆になぞらえ、「正義は必ず勝つ」と断言していた。ところが試験で、白人学生たちがAをとり、自分はCを取ったことを知ると、ジェフは打ちのめされた。がくがく震えて教員助手のところへ行き、助けを求めるのではなく、自分の低い成績を謝った。すると教員助手は、ジェフはこの大学に来る準備ができていなかったのだろうと言って、コミュニティカレッジへの転学を提案した。ジェフはその助言を聞き入れて、わずか一学期でカリフォルニア大学を中退して、サンフランシスコ・シティ・カレッジに入学した。

数年後にあらためて話を聞いたとき、ジェフはビールを飲んでいた学生たちの成功は「最初の一撃に過ぎなかった」と語った。最後の一撃は、成績表を受け取ったときだ。まったく予想外の科目で落第していたのだ。科目A（英語の準備クラス）の担当教員は、彼を大いに励まし、多くの時間を注いで指導してくれていたため、まさか自分を落第させるはずがないと思っていた。裏切られた気がして、完全に途方に暮れた。どれが重要な科目で、もう一度やり直すとしても、どうすれば成績をアップできるかわからなかった。学業だけでなく、大学事務室の職員との間でも行きちがいがあった。彼らが自分との約束を破り続けている気がした。自分はこの大学には合わないのだとジェフは思った。

もちろんこうしたことは、どんな集団の学生にも起きる。大学入学時に抱いていた野心が、たちまちしぼんでしまうこともよくあり、集団によるパターンを見出すのは難しい。だが、さっきも述べたように、トライズマンの素晴らしいところは、それを見つけるために背景を探ったことだ。そして、ネガティブなステレオタイプを持たれている領域で成功するために、黒人学生が孤独で激しい努力をしているのを見た。その戦略が、しばしば失敗と落胆をもたらすにもかかわらず、彼らはがむしゃらに努力する。わたしの父（そしておそらく彼らの父親）のアドバイスのとおり、ステレオタイプの影響を乗り越えるために一層の努力をするのだ。それもたった一人で。他の学生たちが知的リソースを出し合い、和気あいあいと楽しく効率的に学んでいるかたわらで。

2

トライズマンが見た黒人学生の「過剰努力」は、広く一般的な現象なのではないか――。わたしのそんな思いは、プリンストン大学でよき友キャロル・ポーターと話したとき、一段と強くなった。

キャロルは社会心理学者で、プリンストンやスタンフォードなどの大学で、長年、学生支援に携わってきた。わたしがそのときプリンストンを訪れたのは、キャロルと学部長から同大のマイノリティ学生の状況について相談を受けたからだった。このときキャロルは、有機化学を履修する学生の苦労について話してくれた。この科目は、医科大学院に進みたい学生は、誰もが履修しておくべき基礎科目で、成績が悪いと、医科大学院に入れない可能性がある。ただ、難しい科目のため、歴代のプリンストンの学生たちは攻略法を確立してきた。たとえば、この科目を履修登録せずに一度受講して、二度目に正式な履修手続きをして成績をつけてもらう方法。夏学期にレベルの低い他大学で履修し、その単位をプリンストンに移してもらう方法もあった。学生支援室のスタッフがこれらの方法を提案する場合もある。無理に履修し続けて悪い成績を取れば、医科大学院に進めなくなってしまうかもしれないから、と。

キャロルによると、白人学生やアジア系学生のほとんどはそのアドバイスを聞き入れて、履修を中断して成績をもらわず、二つの代替戦略のどちらかを取る。ところが黒人学生はこのアドバイスを拒絶することが多いという。成績がついてしまう時期まで授業に出席し続け、しばしば悪い成績を取り、医科大学院に進む可能性をみすみす危険にさらすというのだ。

そのときすでに、わたしはトライズマンの研究について知っていた。キャロルが言っていたことは、トライズマンの観察と一致しているように見えた。プリンストンの黒人学生たちは、ステレオタイプが誤りであることを証明するため、親たちのアドバイスにしたがって、意地になって授業に出席し続けているかのように見えた。このようなステレオタイプに直面していない学生たちが、さっさと代替戦略に切り替えるなか、黒人学生は粘り続ける。プリンストンでも黒人学生の過剰努力が起きているのだろうか。

これまでにも「過剰努力」の問題は、成績がらみのコンテクストで何度も浮上しており、一定の環境下では成績不振をもたらすことが示唆されていた。少なくとも、わたしと、当時一緒に研究していたデービッド・ナスバウムは、そう考えていた。デービッドはイェール大学で心理学を専攻し、大学院に進学したところだった。彼は、疑問を「解析」して、その意味とロジックを細かく分析するのが大好きだった。そしてわたしたちはこのとき、解析に値する興味深い問いに直面した。トライズマンの研究で立証された「過剰（かつ単独）努力症候群」と、キャロル・ポーターが有機化学を履修する学生に見た現象は、ステレオタイプ脅威が原因なのか。それとも、黒人の社会化プロセス（父がわたしに「成功したいなら人の二倍努力しろ」と言い聞かせたこと）に起因する一般的な特性なのか。ひょっとすると、そのアドバイスが、行動原理として内面化され、ステレオタイプ脅威がない環境でも黒人学生をがむしゃらに努力させるのか。

デービッドは、過剰努力症候群は実験室でも再現できるのか、再現できるなら、その原因はステレオタイプ脅威なのかを調べる実験を考案した。

この実験で必要なのはアナグラム、つまりランダムに並んだアルファベットを単語になるように並べ替えるワークだ。簡単に難易度を調整できる。たとえば、「ebd」というアナグラムを「bed（ベッド）」に並べ替えるのは簡単だが、「ferhziidsaenncd」を「disenfranchized（権利を剥奪された）」に並べ替えるのはかなり難しい。被験者は、黒人と白人のスタンフォードの学生だ。実験の第一段階としてまず、二〇個の非常に難しいアナグラムの問題を解いてもらった。微積分や有機化学のように、自分がうまくできないという認識を持ってもらうためだ。第二段階では、自分がやりたい数だけアナグラム問題を解いてほしいと指示を与えた。その目的は、最初のワークで「自分はあまり得意ではない」という認識を得たアナグラムを、学生たちがどれだけ続けたいか測定することだ。それによって、有機化学でトラブルに陥っても、落第のリスクを冒してでも粘り続けようとするのは、どのようなタイプの学生か類推しようというのだ。ただしグループは二つあり、最初のグループには、「このワークはパズルの実験だ」として取り組んでもらった。するとこのグループの黒人学生と白人学生は、どちらも二つ目のワークで、あまりたくさんのアナグラムをやりたがらなかった。申し訳程度に四つ、多くても五つ。白人とアジア系の学生が難しい有機化学の授業の履修をやめて戦略を変更したように、実験に参加した黒人学生も白人学生もあっさりと難しいアナグラムに取り組むのをやめた。

次のグループには、「このワークの目的は認知能力を測定することだ」と告げてアナグラムに取り組んでもらった。これにより、このワークは黒人の認知能力に関するネガティブなステレオタイプと関連づけられた。黒人学生は、難しいアナグラムを解けないフラストレーションから、このステレオタイプを思い出し、それを追認する脅威にさらされる。一方、白人学生はそのようなステレオタイプ脅威にさらされないはずだ。

黒人学生は第二のワークにどのように反応しただろう。ステレオタイプ脅威を回避するために、取り組む数を減らすのか。それともそのステレオタイプが誤りだと証明してやろうとして、より多くのアナグラムに挑戦するのか。結果は明白だった。彼らは、トライズマンがカリフォルニア大学で観察した黒人学生や、キャロル・ポーターが語ったプリンストン大学の有機化学の黒人学生たちと同じように行動した。彼らは粘ったのだ。がむしゃらに。第二グループの白人学生は、ステレオタイプ脅威にさらされていなかったから、最初のグループと同じように、申し訳程度の数のアナグラムしかやらなかった。ところが黒人学生たちは、なんと八個（先のグループの二倍）のアナグラムに取り組んだ――過剰努力の極みだ。

こうしてわたしたちは、二つの問いの両方に答えを得た。まず、黒人学生の学業における過剰努力は、実験室でも容易に再現できた。第二に、過剰努力の原因は彼らのアイデンティティに基づくステレオタイプ脅威のようだった。アナグラムが、認知能力とは無関係のパズルとして提示されたとき、つまりこの脅威がないときに、過剰努力は起きなかった。黒人学生は、何をするにも異常にモチベーションが高い学生というわけではなかったのだ。ステレオタイプ脅威下にないときは、彼らも他のみんなと同じくらいの努力しかしなかった。ところが、反証すべきステレオタイプが存在すると、文字どおり他人の「二倍努力」をした――まさにわたしの父がアドバイスしたように。

つまり、黒人学生の成績不振は、ステレオタイプのプレッシャーによって、努力をやめてしまうことが原因ではなさそうだった。むしろ彼らは、プレッシャーに抗ってがむしゃらに努力する。親が後押しするまでもなく、自分が属する集団の能力に関するステレオタイプ脅威が働くと、自ら過剰に努力していたのだ。

3

では、この過剰努力は、黒人の成績や業績に常に影響を与えるのか。「他人の二倍努力しろ」と子どもに言い聞かせる無数の親は、みんな間違っているということなのか。黒人の間では、黒人初のメジャーリーガー、ジャッキー・ロビンソンの物語は伝説だ。エボニー誌は五〇年以上にわたり毎月、人種の壁を壊した黒人を紹介してきた。差別やステレオタイプをバネに偉業を達成することは、アメリカの黒人の生き方の重要なテーマとなっている。それは女性など、ネガティブなステレオタイプと戦う他の集団も同じだろう。こうした動機付けはむしろステレオタイプ脅威下にある人の成績を悪化させるのか。

ステレオタイプ脅威研究のほとんどは、被験者の能力の限界レベルにある困難なタスク（難度の高い数学のテスト、だんだんと難しくなる知能テスト、能力の限界を試す認知能力テスト、厳しい大学のカリキュラムなど）への反応を調べてきた。難しいタスクに直面したときのフラストレーションが、集団に関するステレオタイプを被験者に意識させる。するとそのステレオタイプを追認する不安が生まれ、それが感情と思考の集中力を奪い、能力をフルに発揮できなくなり、ステレオタイプを追認するリスクが高まる。悪循環だ。自らの所属する集団に関するステレオタイプが、自分には当てはまらないと証明してやろうという余計な「力み」につながり、自らの能力の上限領域で実力を発揮するのを妨げる（このプロセスについては、次章でより詳しく見ることにする）。

だが、自分の集団がネガティブなステレオタイプを持たれている領域で、確実に好成績を出せそうな場合はどうなのか。つまり、あるタスクが自分の能力の十分な範囲内にあり、それをこなすのにさほどフラストレーションを感じない場合は、何が起きるのか。この場合、ステレオタイプが間違っていると証明しようとするモチベーションは一段と高まり（容易に達成できると思うため）、より好成績をもたらすのではないか。

カンザス大学の社会心理学者ローリー・オブライエンとクリスチャン・クランドルは、これを実験によって証明してみることにした。カンザス大学の男子学生と女子学生に、難度の高い数学のテストと、簡単な数学のテストをやらせた。簡単なテストは、一〇分以内に三桁の掛け算をできるだけたくさん解くというもので、難しいほうのテストは、同時期のSATの数学で出題された代数の問題十五問だ。被験者を二つのグループに分け、ステレオタイプ脅威を与え、一方には「これまで、このテストの結果には性差が見られた」としてテストを受けさせ、もう一方には、「これまで、このテストの結果に性差が見られなかった」と説明してテストを受けさせた。結果は予想通り、ステレオタイプ脅威にさらされた女子学生の難しいテストの成績は、ステレオタイプ脅威下にない女子学生や、両方のグループの男子学生よりも低かった。**ところが、簡単なテストでは逆転現象が起きた。ステレオタイプ脅威下にある女子学生は、ステレオタイプ脅威下にない女子学生や両方のグループの男子学生よりも高得点をマークしたのだ。**

人は能力の上限レベルを試されるとき、ステレオタイプ脅威によるフラストレーションと、そのステレオタイプが誤りであると証明しようとするモチベーションが高まり、おそらく先ほど説明した一連の作用により、実力をフルに発揮することができない。ところがタスクがもっと簡単になり、自分の能力の範囲内で十分こなせるレベルになると、フラストレーションが低下して、ステレオタイプが間違いであることを証明しようという努力は、他の集団を上回る成績につながるのだ。

ある意味で世の親たちが言うことはもっともだったのだ。わたしの父をはじめ多くの親が、「ステレオタイプを克服する」という意欲を煽れば、優れた成績を出せるという確信を抱いたのは、ここでいう簡単なテストの事例を見たからだろう。たしかにオブライエンとクランドルの実験によると、タスクが自分の能力の範囲内でこなせるレベルのときには、ステレオタイプが誤りであることを証明してやるという追加的モチベーションは成績アップに貢献する可能性がある。
「ステレオタイプが間違いであることを証明してやる」という動機は、現実の世界ではどのような形を取るのか。バレリー・ジョーンズは、わたしの研究室の大学院生で、クリエイティブな方法で理論を検証することが大好きだった。わたしたちは、この問いの答えを探すために、シンプルな調査を実施した。基本的な仮説は、女性管理職が少ない職場で働く女性は、そうでない職場の女性たちよりも、懸命に働いて実力を証明し、ネガティブなステレオタイプが誤りであることを証明するプレッシャーにさらされる、というものだ。バレリーは、シリコンバレーで開かれた「テクノロジー業界における女性」というテーマのカンファレンスに乗り込み、出席者四一人に彼女たちの職場の女性社員の数と、懸命に働くことで、実力を証明しなければというプレッシャーをどのくらい感じているかを聞いた。その結果は非常に示唆に富んでいた。ある程度女性社員がいる職場と比べて、女性社員が少ない職場で働く女性たちは、実力を証明しなければというプレッシャーを大幅に強く感じ、早朝出勤や残業が多く、仕事以外の活動が少なかった。つまり、現実の世界でも、「実力を証明しなければ」というプレッシャーは、（もっと懸命に働くという意味で）女性たちにプラスのモチベーションを与えていることになる。

だが、それは純粋にいいことなのか。これまでの研究でわかったことをあわせて考えると、どうやらそうではないようだと言わざるをえない。あるステレオタイプが間違いであることを証明してやるというプレッシャーは、その環境で追加的なタスクをもたらす。学校の場合なら、新しいスキルや知識、考え方を学ぶことに加えて、働く女性の場合なら、職場で優れた実績をあげることに加えて、日に見えないネガティブなステレオタイプを退治するタスクが発生する。つまり、マルチタスクをこなさないといけないうえに、そのタスクが自分にとって重要な領域での成否がかかっているから、大きなストレスとなり、集中力が低下するのだ。

それは重大な影響をもたらす。「ステレオタイプが間違いであることを証明してやる」というプレッシャーに伴うストレス（次章で詳述する）は、能力の発揮を直接妨げる恐れがある。そのタスクのレベルが、自分のスキルの上限に近い場合（つまり、本来なら学習して伸ばすべき領域）はなおさらだ。第二に、ジェフの経験とトライズマンの観察からわかるように、このプレッシャーは人を意固地にし、極めて非効率的で硬直的な戦略を取らせる可能性がある。だから、確実に単位を取るために、今学期は有機化学を落として、翌学期に履修し直すという選択肢はありえない。それでは自分と自分の集団に関するステレオタイプを追認することになる（気がする）。だから踏ん張らなくてはいけない。たとえそのせいで、夢の仕事に就けなくなる可能性があったとしても——。

このストレスフルな経験が、自分を取り巻く環境の慢性的な状況であることに気がつくと、そこにとどまり努力を続けるモチベーションを維持するのは難しくなるかもしれない。ステレオタイプを反証するタスクに終わりはない。そのステレオタイプが当てはまる場所にいる限り、何度も繰り返さなくてはならない。ジェフはカリフォルニア大学について、ここに自分の居場所はないと感じた。理数系の男子学生が大学を中退するときは、成績不振が理由であることが多い一方で、理数系の女子学生が中退するときは、成績は無関係であることが多い。理数系の分野にとどまっていたら、自分の実力を永久に証明し続けなければいけない（しかもそれは慢性的なストレスを伴う）という見通しに、意気消沈してしまうことが原因なのかもしれない。

がむしゃらに努力する必要はないとか、ストレスの大きな道を選ぶなと言っているのではない。努力なくして成長はありえないし、歴史的な偉業やブレークスルーは、ほぼ例外なく大きなストレスを伴った。実際、多くの人がこうしたプレッシャーに立ち向かい、人類に恩恵をもたらしてきた（次章でその一部を紹介する）。ただ本書の焦点はそこではなく、より均等な機会をもたらすためには、何を取り除かなければならないかを明らかにすることだ。ステレオタイプ脅威を経験するのは、すでに懸命に努力してきた人たちだ。彼らはその成績によって認められてきたのだし、モチベーションもある。ただ、亡霊退治という余計なタスクが、彼らの邪魔をするのだ。

ここに、わたしの父とわたし、そして多くの親が気づいていない誤解が存在する。たしかに一部の限られた環境では、ステレオタイプが誤りだと証明しようとするモチベーションは、プラスの結果をもたらすかもしれない。だが、人がまさに学校や職場で学び、伸ばそうとしている能力や知識の上限領域では、この種のモチベーションは逆効果をもたらすことが非常に多い。皮肉にもその領域では、多くの親がまさに子どもに避けさせたい、集団での成績不振を引き起こす可能性がある。

この問題の解決策は第九章で検討する。そしてこのプレッシャーと、それが引き起こすパフォーマンス低下を縮小するために、個人でも学校や組織などでも取れる手段を明らかにする。本章では、とりあえずトライズマンがジェフたちのために発見した問題解決策が劇的な効果を発揮したとだけ報告しておきたい。

トライズマンは微積分に関しては、黒人学生をアジア系学生のような方法で勉強させること、特にグループで勉強させるプログラムを考案した。具体的には、週六時間以上をグループで過ごさせ、微積分などについて話させた。トライズマンは、これがアジア系学生に見られたのと同じ恩恵をもたらすことを期待した。つまり複数の学生が一緒に問題を解くことで、重要な概念を学ぶことに多くの時間を費やし、計算の答え合わせの時間を減らし、自分の理解をより正確に把握し、より自信を持って教員助手と付き合えるようになることだ。この戦略は効果を発揮し、黒人学生の成績が改善した。トライズマンのワークショップに参加した黒人学生たちは、カリフォルニア大学一年生の微積分の授業で白人学生やアジア系学生よりも高い成績を取った。このプログラムが、ジェフが中退する前にあればよかったのだが。

トライズマンのワークショップは、微積分を学びやすくするグループ学習のスキルを教える。それは、黒人学生が自分を守るためにわざと孤立し、自分一人で物事を解決しようと過剰に努力する傾向を是正した。彼らとしては、自分をステレオタイプ化しそうな人たちを避けるためにそうした戦略を取ったのだが、それは彼らが必要とする助けも遠ざけてしまった。そして学生たちは親のアドバイスを無視して努力しなかったわけではない。むしろ本来の勉強に集中できないくらい、そのアドバイスに従ったことだ。すでに彼らは、自分の勉強のことを十分気にかけていた。トライズマンが解決したのは、その気持ちをうまく実行に移す方法だった。

近年、多くの独創的な科学者たちが、アイデンティティのプレッシャーが具体的にどのように作用し、パフォーマンスや粘り強さにどのような影響を及ぼすのかを明らかにし始めた。こうした影響を見れば、アイデンティティのプレッシャーの威力がいかに大きいか、そしてわたしの父がしたようなアドバイスが（必要かもしれないが）いかに不十分かがわかるだろう。

7章 思考と身体への負担

蝕まれるワーキングメモリ

1

社会心理学者のドナルド・ダットンとアーサー・アロンは、男子大学生のグループに、カナダのバンクーバー郊外にあるキャピラノ橋を渡ってもらう実験をした。キャピラノ川にかかるこの橋は、高さ七〇メートル、全長一四〇メートルの吊り橋だ。ぐらぐら揺れる橋を一人ずつ渡りきると、向こう岸に若くて魅力的な女性が待っている。彼女は学生にアンケートに答えてもらうと、電話番号を渡し、彼女の（表向きの）研究について「質問があったら電話して」と告げる。

ダットンとアロンは、人間の性質について基本的な疑問を持っていた。すなわち、人間は自分の感情を完全に把握しているのか、それともときどき混乱して、自分でも自分の気持ちに気がつかなかったり、自分の感情を誤解したりすることがあるのか。

そこで二人はキャピラノ橋の実験で、この大きな疑問を一つの問いに集約した。男子学生たちは、橋を渡ったあとも残る不安を、若い女性インタビュアーに対する好意と勘違いするか。もし人間が自分の感情を完全に把握しておらず、ある感情を別の感情と取り違えることがあるなら、男子学生たちは怖い橋を渡ったあとの不安の余韻を、目の前に立っている若い女性への好意と取り違えるかもしれない。ダットンとアロンは、その晩その女性に「追加情報」を求めて電話した学生を、女性に好意を抱いた証拠とみなすことにした。

他にも二つのグループが実験を受けた。第二グループは、キャピラノ橋を渡ったところで、男性インタビュアーが待っている。これは橋を渡った不安の余韻のために、インタビュアーに（おそらく）好意を持たなくても、その晩電話をかける学生がどのくらいいるか調べるためだ。第三グループは、橋を渡ったところに魅力的な女性インタビュアーが待っているが、その橋はキャピラノ橋ではなく、低くて頑丈で恐怖を覚えずに渡れる橋だ。これは橋の恐怖とは関係なく、インタビュアーの魅力そのものに惹かれて電話をする学生が何人いるか調べるためだ。

結果はどうだっただろう。その晩インタビュアーに電話をした学生は、キャピラノ橋を渡ったとき女性インタビュアーが待っていた第一グループの学生が最も多かった。彼らが橋を渡っているとき抱いた不安は、橋を渡りきったあとも続いた。しかし彼らはそれに気づかず、魅力的な若い女性に会ったときの胸の高鳴りは、その女性に強く惹かれている証拠だと受け止めた。

他のグループの学生たちは、平常心を維持したようだ。インタビュアーが男性だったとき、不安の余韻を好意と取り違えた男子学生はいなかった。一方、頑丈な橋を渡った学生たちには、インタビュアーに惹かれる原動力となる、不安の余韻がなかった。第二・第三グループで、インタビュアーに電話をした学生はほとんどいなかった。

つまり、人間が自分の感情を把握する能力は完璧ではない。非常に強烈な感情なら把握するのは簡単かもしれない。だが、キャピラノ橋を渡ったあとの不安の余韻のような些細な感情は、はっきり把握するのは難しい。些細な感情を把握し、それが何なのか理解しようとするとき、わたしたちは目の前にある状況を頼りにする傾向がある。ダットンとアロンの実験でキャピラノ橋を渡ったばかりの男子学生たちは、女性インタビュアーに強烈な魅力を感じた。ただしそれは、怖い橋を渡った不安の余韻によって高められたものだった。

2

わたしとスティーブン・スペンサー、そしてジョシュア・アロンソンが、ステレオタイプ脅威がどのように人間の働きに影響をもたらすのかという問題に取り組んだとき、このことを知っていたのはいいことだった。わたしたちも当時、人間の機能の限界や、自分の感情とその原因に関する限定的な理解といった問題にぶつかっていた。わたしたちはずっと、ステレオタイプ脅威は人を不安にするのであり、その不安が人間の機能を直接妨げるのだと思っていた。つまり不安が、脅威の補佐役として機能を妨げるのだと。

しかし初期の実験で、ステレオタイプ脅威下で難度の高い数学のテストを受ける女子学生たちに、不安のレベルを聞いたところ、ステレオタイプ脅威下にない（テスト結果に性差はないと言われた）女子学生の不安レベルと変わらなかった。それなのにステレオタイプ脅威下に置かれた女子学生たちは、そうでない学生たちより低い点数を取った（この研究のきっかけとなった発見だ）。これはどういうことなのか。

その後、ジョシュアとわたしは、さらに困惑する結果を得ることになる。黒人学生の認知能力テストの成績にステレオタイプ脅威が影響を与えることが明らかになったものの、その脅威が具体的にどう成績不振に作用するのかがよくわからなかったのだ。ジョシュアは被験者に話を聞いたが、特別な発見はなかった。ここでもステレオタイプ脅威下に置かれた学生の不安レベルは、ステレオタイプ脅威下に置かれなかった学生と同程度だった。ステレオタイプ脅威下に置かれた学生たちも、冷静で決然として見えた。テストは難しかったけれど、全力を尽くす決意だったと語った。そして、その努力が実を結ぶと信じていた。だが、わたしたちは解答用紙を見て、彼らの出来があまりよくないとわかっていた。

だから、人間は不安のような漠然とした心理をうまく自覚できないと知っていたのはいいことだった。おかげで、学生たちがステレオタイプ脅威によって不安を覚えた証拠はないとして、成績不振は不安が原因ではないと決めつけずに済んだ。それはわたしたちが、反証の一部を真剣に受け止める助けにもなった。ステレオタイプ脅威下にある学生は、虫食い単語を完成させる課題を出されたとき、そのステレオタイプと関連した単語を完成させる傾向があったことを思い出してほしい。このことは、彼らがステレオタイプを追認することを恐れていたことを示唆している。他にも、ステレオタイプ脅威下にある黒人学生たちの不安を示唆する発見があった。彼らはステレオタイプ脅威下にない黒人学生と比べて、黒人から連想されること（ジャズ、ヒップホップ、バスケットボールなど）を好きだと答えるレベルが低く、白人から連想されること（クラシック音楽、テニス、スイミング）

を好きだと答えるレベルが高かった。また、テストを受ける前に、「昨夜は睡眠時間が短かった」など、より多くの「言い訳」を示した。これらの結果は、彼らが不安であることを示していたが、本人たちは不安だと言わなかった。ひょっとすると、不安を抱いていることを認めたくなかったのかもしれない。あるいは、キャピラノ橋の向こう側で魅力的なインタビュアーに会った男子学生たちのように、自分が不安だと気づいていなかったのかもしれない。

ステレオタイプ脅威が成績に影響を与えるうえで、いかに不安が中心的役割を果たすか知るためには、不安をもっと上手に測定する方法が必要だった。それは本人の認識に左右されない測定方法でなくてはいけない。

3

わたしとスティーブン・スペンサー、ダイアン・クインのチームは、カリフォルニア大学サンタバーバラ校のジェームズ・ブラスコビッチの指導で、ストレスと不安の生理的指標である平均血圧（MAP）を測定する実験を行った。わずかな違いを除いては、他のステレオタイプ脅威実験とよく似たものだ。まず、研究室に来た黒人学生と白人学生に、これから行うタスクに対する生理的反応を測定するという理由で、心電図電極を装着してもらった。さらに被験者の血圧の基準値を集めた五分後、まず認知能力テストをする。これは遠隔連想テスト（RAT）と呼ばれるもので、一問に三つの単語が示され、被験者はそれと関連する四つ目の単語を選ぶ。たとえば「ネズミ」「熟成《シャープ》」「ブルー」という単語に関連して「チーズ」と解答するという具合だ。このことから被験者は、これが知的能力を試すテストであることを理解する。

ステレオタイプ脅威下に置かれたグループは、それ以上の情報は与えられなかった。タスクを知能テストと理解するだけで、黒人は自分の集団の知的能力に関するステレオタイプを追認する脅威にさらされることを思い出してほしい。

もう一方のグループは、これは「人種的に対等」なテストだと言われる。すなわち、黒人と白人の成績は常に同レベルであり、黒人が大多数を占める大学の人種混合の研究チームが作成したという情報を与えられる。これによりこのテストの成績を解釈するうえで、黒人の能力に関するステレオタイプは関連性がなくなった。

結果は劇的だった。「人種的に対等」なテストだと告げられた（つまりステレオタイプ脅威下にない）白人学生と黒人学生の血圧は、血圧計をつけたときよりもテスト中に向けて下がっていった。そのテストが知的能力を測定するテストとして提示された白人学生にも同じことが起きた。だが、同じグループの黒人学生の血圧は、テスト中に劇的に上昇した。ステレオタイプ脅威下にある人は、自分が不安だと、あるいは自分の感情が不安なのか愛なのかを区別することさえできないかもしれないが、それは彼らが不安ではないことを意味しないのだ。生理反応は、彼らが不安だったことを明確に告げていた。

やがて、ステレオタイプ脅威の生理的影響に関するわたしたちの理解は、一段と広がった。ブラスコビッチの長年の同僚ウェンディー・メンデスと、さらに別の研究者チームは、白人が黒人と交流しているときにステレオタイプ脅威を感じた場合、血圧が上昇するかどうかを調べた。実験は極めてシンプルだった。白人大学生に血圧カフを装着してもらい、自分の知らない白人学生か黒人学生と話をしてもらうだけだ。白人学生にとって、知らない黒人に話しかけることは、知らない白人に話しかけることよりもずっと、ステレオタイプ的に見られる（「人種問題に鈍感と見られる」）リスクが大きい。そして、このステレオタイプ脅威が不安を引き起こすなら、被験者の血圧は上昇するはずだ。結果はそうなった。白人学生の血圧は、大幅に上昇したのだ。

大きな構図が見えてきた。意識的に気づいているように見えなくても、ステレオタイプ脅威は、血圧が変わるくらい不安を引き起こすのだ。だが、それはどのくらいの不安なのか。ステレオタイプ脅威によって引き起こされる不安は、人の機能、つまりあるタスクをこなす能力を妨げるほど大きいのか。

誰かをステレオタイプ脅威下に置いたとしよう。たとえば、難度が非常に高い数学のテストを受けに来た数学が得意な女性たちがいるとする。そこで事前に、非常に簡単なタスク（自分の氏名を繰り返し書く）と、難しいタスク（自分の名前を後ろから書くことを繰り返す）をやってもらう。これから難しい数学のテストを受けるという認識によって生じるステレオタイプ脅威は、事前テストの出来にも影響を与えるのか。

自分の名前を書くタスクは、女性の数学能力に関するステレオタイプとは無関係だから、もしそれがうまくできなくても、そのステレオタイプを追認することはない。したがってステレオタイプを追認する不安が、この事前タスクの出来に影響を与えるはずがない。唯一影響を与えうるのは、極めて難しい数学のテストを待っているときに感じるステレオタイプ脅威からくる不安だ。もしその不安だけで、テストの成績が悪化するなら、女性たちの事前タスクの出来はあまりよくないはずだ。名前を後ろから書くタスクは特にそうかもしれない。

サンフランシスコ州立大学のアビ・ベンジーブと教え子たちは、この実験を行い、明確な回答を得た。数学が得意な女性たちが難しい数学のテストを待っているときに感じる些細な不安（キャピラノ橋を渡ったときや、本物のSATの数学テストを受けるときの興奮とは比べものにならないほど小さなものだ）でも、自分の名前を後ろから書くタスクの出来に十分な影響があったのだ。ステレオタイプ脅威は常に存在する。実験室での典型的な実験では、道義上、この脅威をごく控えめなレベルでしか実行できない。たとえば、女性が実験で数学のテストを待っているときに経験する不安の量と、本物のGREを待っているときに経験する不安の量では、比べものにならない。しかしこうした限定的な不安でさえ、難度のそれほど高くないタスクにつまずかせるほど心臓にストレスを与えるのだ。

したがってステレオタイプ脅威の影響の一部（女性の数学の成績、フランスの下層階級出身の学生の言語試験における成績、白人男性のミニチュアゴルフの成績などの低下）は、心拍数や血圧の上昇など不安と関連する生理的徴候が能力発揮に影響を与えることにより、引き起こされると言うことができる。また、多くの人にはその自覚がないとも言うことができる。たとえ具体的に質問されても、被験者は不安を感じると言わなかった。つまりステレオタイプ脅威の代償に気づいていないようだ。とはいえ、こういった不安だけが、パフォーマンスに影響を与えるのか。ステレオタイプ脅威は人間の思考にも直接影響を与えるのではないか。

4

この問いに対する答えは「イエス」だ。ステレオタイプ脅威にさらされると、ステレオタイプを追認すること（「やっぱりダメだなと思われるだろうか」）、追認が引き起こす結果（「やっぱり人種差別主義者なんだと思われたら、どんな反応を示されるのだろう」）、ステレオタイプを覆すためにすべきこと（「わたしは善良な人間であることを示すチャンスはあるだろうか」）などについて、気をもむことになる。そうした思考の反すうが脳からゆとりを奪い、目の前のタスク（標準テストや異なる人種の人との会話など）に集中できなくなる。ステレオタイプ脅威は、生理的反応を引き起こすだけでなく、思考を邪魔して、パフォーマンスにダメージを与えるのだ。

少なくとも、第五章で紹介したフランス人社会心理学者ジャンクロード・クロワゼのチームはそう考えた。それを実証するため、彼らはとりわけ独創的な方法を考案した。人間の心と体を直接つなど生理現象を利用した実験だ。人の心拍は、精神活動に集中しているときほど（心理学用語でいうと「認知的負荷」が高いほど）安定している傾向がある。これは精神活動の代謝要求を反映した現象であり、心拍数が多いか少ないかは、その人の思考量の指標になることを意味する。認知的負荷が高いほど心拍数は安定し、認知的負荷が低いほど心拍数は不安定になるのだ。

この事実を踏まえて、クロワゼのチームは必要な測定装置を使って実験を開始した。

彼らは、わたしたち心理学者が大嫌いなステレオタイプを利用した。すなわち「理系の学生は、心理学の学生よりも頭がいい」というステレオタイプだ。クロワゼのチームが、理系の学生と心理学の学生に、レーブン漸進的マトリックス知能テストを受けさせたところ、ステレオタイプ脅威に関する標準的な結果が出た。すなわち心理学専攻の学生が、これは知能テストだと告げられてテストを受けると（つまり自分たちのグループの知的能力に関するネガティブなステレオタイプを追認するリスクにさらされると）、理系の学生よりも点数が低かった。他方、このテストは基本的にパズルであり知的能力を測定するものではないと告げられると（ステレオタイプのプレッシャーを取り除かれると）、科学専攻者と同等の点数を取った。

もちろんクロワゼのチームの関心は他の場所にあった。彼らはテストの過程で、全被験者の心拍数を測定したのだ。その結果、知能テストだと告げられた被験者全員の心拍数が安定していたことを発見した。つまり心理学専攻者（ステレオタイプ脅威下にある）も、科学専攻者（さほどステレオタイプ脅威にさらされていない）も、かなりの認知的負荷を負っていたようだ。二つのグループの違いが表れたのは、心拍数と成績の関係だった。科学専攻者は、テストが難しいと感じるほど高い点数を取り、心理学専攻者は、テストが難しいと感じるほど低い点数を取った。どちらも心拍数は安定していた。これはステレオタイプのプレッシャーがほとんどない科学専攻者の場合、認知的負荷が高いのは、テストに建設的に関与していたためであるのに対して、心理学専攻者の場合、認知的負荷が高いのは、ステレオタイプ脅威による反すうを反映していたためだ。

人は、自分が大切だと思う領域で、自分が嫌だと思うステレオタイプを追認するリスクにさらされると、同じことを何度も考えがちだ。内心そのステレオタイプに反発し、自分には当てはまらないと否定し、自分に当てはめようとする人を糾弾し、自分をあわれみ、そのステレオタイプは間違いだと証明しようとする。それは、自分を防衛する反応であり、ステレオタイプ化される脅威に対抗しているのだ。だが、ほとんどの人は、自分のそんな葛藤に気づいていない。クロワゼのチームは、ステレオタイプを打ち負かそうとする意気込みは、わたしたちの精神に他のことをする余地をほとんど残さないという大きな発見をしたのだ。

アリゾナ大学の心理学者トニ・シュメーダーと大学院生のマイケル・ジョーンズは、反すうが具体的にどのような能力を邪魔するのかを示す精密なモデルを作った。それによると、最もダメージを受けるのはワーキングメモリ（作業記憶）、すなわち「即時的またはほぼ即時的に使用するために情報を維持し、操作するために使われるタイプの記憶」だ。テストを受けたり、会話や話し合いに参加したり、寮の部屋で「アフリカ系アメリカ人の政治学」の授業の課題文献を読んだりするとき使われる能力だ。

シュメーダーとジョーンズは、難しい数学のテストを受ける理数系の女子学生に、複数の文章に含まれる母音の数を数えてもらうという作業をテスト前にしてもらった。このとき文章の間に無関係な単語を挿入した。難しいテストを受けるためにステレオタイプ脅威下にあった女子学生たちは、文章に含まれる母音の数は正確にカウントしたが、文章の間にどんな単語が挿入されているかはあまり覚えていなかった。少なくとも、これといった特徴のないテストを受ける予定の（つまりステレオタイプ脅威下にない）女子学生よりも覚えている単語数は少なかった。ステレオタイプ脅威下にある女子学生たちは、あれこれ考えてしまったため、文章の間に挿入された余分な単語を記憶する能力、つまりワーキングメモリを妨げられたのだ。同じくらい重要なことに、ステレオタイプ脅威がワーキングメモリにダメージを与えるほど（ランダムに挿入された単語の記憶数が少ないほど）、そのあとの数学のテストの成績も悪かった。ステレオタイプ脅威がワーキングメモリに与えるダメージは、数学の成績にもダメージを与えたのだ。

シュメーダーとジョーンズは、このような思考がワーキングメモリにダメージを与えるモデルを作った。まず、ステレオタイプを追認する脅威によって、その脅威が関連するすべてのことを警戒し、追認を回避する可能性について思いをめぐらすようになる。第二に、それが自己不信とその自己不信が証明されてしまうのではないかという反すうを引き起こす。第三に、こうした懸念ゆえに自分のパフォーマンスを常に気にするようになる（すると、たとえば運動選手であれば「チョーキング

（極度のプレッシャーにより体がうまく動かなくなる）」になる恐れがある）。第四に、脅威となるような思考、つまりうまくできないことや、ステレオタイプを追認する結果を考えないようにしなければというプレッシャーが生じる。経験がある読者もいるのではないだろうか。だとすれば、これがいろいろな思いが錯綜する状態だとご存じだろう。そのときは、他のことを考える精神的余裕がほとんどないことも。

この見解は、アン・クレンドルとジェニファー・リケソン、ウィリアム・ケリー、トッド・ヘザートンの研究によってさらに補強された。彼らは機能的磁気共鳴画像（fMRI）を使って、ステレオタイプ脅威が脳の活動に与える影響を調べた。数学が得意な女子学生二八人の脳をfMRIで撮影しながら、五〇問の難しい数学の問題を解いてもらった。fMRIで脳内の血流を観察することによって、数学の問題を解いているときの脳のさまざまな領域の知的活動レベルを測定することができる。このとき被験者の半分は、事前に「研究によると数学の能力と成績には性差があることがわかっている」と告げられ、ステレオタイプ脅威下でテストを受けた。残りの半分は、数学の性差に関するステレオタイプを告げられず、ステレオタイプ脅威下にないか、それが少ない環境下でテストを受けた。

ステレオタイプ脅威によって、脳のどの部分が活性化されるのか。クレンドルのチームは、明確なパターンを発見した。「〔ステレオタイプ脅威下にない〕女性は、これまで数学の学習と関連づけられてきた脳の領域（つまり角回、左頭頂葉、前頭前野）を使ったが、〔ステレオタイプ脅威下にある〕

女性はこうした領域を使わず、これまで社会的・感情的処理と関連づけられていた領域に大きな活性化が見られた」。ステレオタイプ脅威は、通常数学で使われる脳の領域の活動を低下させ、社会的コンテクストや感情に対する警戒心と関連づけられる領域を活性化させた。クレンドルらの言葉を借りれば、「ステレオタイプ脅威は、自分の集団に関するネガティブなステレオタイプを追認した場合のネガティブな社会的・感情的結果に女性たちの注意を向けさせ、パフォーマンスに対する不安を高めるのかもしれない」。他の研究チームも同様の結果を出しており、ステレオタイプ脅威が脳に与える影響に関する理解は急速に拡大している。

生理学研究や認知的負荷、シュメーダーとジョーンズの思考に関する研究、そして脳の研究のおかげで、ステレオタイプ脅威が能力に作用するプロセスについては強力なコンセンサスが生まれつつある。すなわち、ステレオタイプ脅威により、起こりうる悪い結果に対する警戒心が高まり、それが目の前のタスクに集中する力と精神的な余地を奪うために、パフォーマンスと能力全般が悪化し、そのすべてが一段と不安を悪化させ、警戒心を高め、さらに注意を散漫にする。やがて本格的な悪循環が起きて、パフォーマンスと能力全般に大きな打撃を与えるのだ。

同じようなことが、「アフリカ系アメリカ人の政治学」の授業を履修したテッドと、わたしたちの実験で、ステレオタイプ脅威にさらされた全員に起きていた。また、能力についてステレオタイプを抱かれている学生が教師に話しかけるとき、あるいはあなたが教室や研究室や職場で、自分の大嫌いなステレオタイプを追認する恐れがあるときにも、よく起きることだ。いろいろな思いが頭をかけめぐり、血圧が上昇し、汗が噴き出し、二倍の努力をし、そんなステレオタイプは間違いだと心の中で反論する。反論できない類の思いは心の中に抑え込もうとし、脅威に対する警戒心を高める脳の活動が活発化し、それがさらに脳内でパフォーマンスと能力を司る部分の活動を低下させる。タスクの難度が上がるほど、パフォーマンスは低下することが多い。気にかけているほど、フラストレーションは高まり、重要なタスクであるほど、成績に影響が出る可能性は高まる。また、その脅威が日常的に継続している場合、これらの反応も継続的なものになり、彼らのアイデンティティの慢性的な付随条件になる。

だが本人には明確な自覚がないことが多い。キャピラノ橋を渡った男子学生たちが、なぜそんなに女性インタビュアーに惹かれるのかわからないのと同じように——。

そこには、一連の明確な事実が存在する。まず、ステレオタイプ脅威がわたしたちの頭を反すう的思考でいっぱいにし、生理的な影響と、行動上の影響を与える。だが本人はこうした影響に気づいていないか、少なくとも認めたくないと思っている。また、こうした脅威と影響は、特定の環境とアイデンティティの組み合わせ(上級数学のクラスの女子学生、一〇〇メートル走の最後の一〇メートルにさしかかる白人男性陸上選手、成績上位グループに属する黒人学生など)によって引き起こされる。わたしたちは、こうした事実を確認してきた。

その影響は重要だ。しかしこれまでは、そのとき限りの現象としてしか研究されてこなかった。だがもしステレオタイプ脅威が慢性的に存在したら、つまり人生の一部領域でずっと続いていたら何が起きるのか。現実の生活では、人が教室や職場や大学の専攻、スポーツアリーナなどに行くのは一度きりではない。その経験は数カ月、数年、ときには何十年続くこともある。

このようにステレオタイプ脅威に長期間さらされると、過酷な問題が生じるのではないか。幸福感を得られなくなり、生理的影響の長期化により健康を害する可能性もある。だがキャピラノ橋の被験者のように、本人はそれを自覚していないことも多い。

ステレオタイプ脅威に長期的にさらされた場合、何が起きるかを示す証拠はないだろうか。

5

公衆衛生研究者のシャーマン・ジェームズは、ソフトな語り口で、研究においては几帳面なアフリカ系アメリカ人の疫学者だ。サウスカロライナ州ハーツビルに生まれ、タラデーガ大学で心理学を専攻し、ミズーリ州のセントルイス・ワシントン大学で心理学の博士号を取得した。大学院で最後の研修を受けているとき、ノースカロライナ大学チャペルヒル校医科大学院の疫学部から、疫学の助教のポジションをオファーされた。昔からその分野に関心があったジェームズは、二つ返事で引き受けた。

ノースカロライナ大学では、人種による健康格差の問題にのめり込んだ。たとえばアメリカの黒人は、男女を問わず、白人よりも高血圧症（一四〇／九〇以上）の割合が高い。最近の報告書では、

「黒人の約三分の一（男性は三四％、女性は三一％）が、高血圧症と考えられているが、白人は男性が二五％、女性は二一％」とある。所得、学歴、肥満度、喫煙といったリスク要因における人種の差を反映していると思うかもしれない。だが、これらの要因を考慮に入れても、ギャップが大きすぎる。アフリカ系の遺伝子が影響していると思うかもしれないが、アフリカの人々の血圧は高くない。

ジェームズはこの謎の解明に取り組むことにし、研究助成金の申請書を書き始めた。そのために、大学病院に通院している黒人高血圧症患者の話を聞くことにした。このうち特に印象に残った男性が一人いた。話し上手で、地元のコミュニティのリーダーで、実に興味深い成功物語の持ち主だった。

男性は一九〇七年に、ノースカロライナ州アッパーピードモントの極貧小作農の家庭に生まれた。なんとか読み書きは覚えたが、学校は小学校二年生までしか行っていない。だが、ジェームズは次のように書いている。

> 最も印象的だったのは……彼がたゆみない重労働と断固たる決意によって……逆境を跳ね返したことだ——自分と子孫を小作人の宿命である借金苦のくびきから解放したのだ。四〇歳になるまでに、ノースカロライナに肥沃な農地七五エーカーを所有していた。……ところが五〇代後半までに高血圧、関節炎、そして重篤な消化性潰瘍を患い、胃の四〇％を切除し

なければならなくなった。

ある日、ジェームズはインタビューのために、その男性宅を訪ねた。約束の時間は正午。二人で裏庭のイスに座ると、彼は苦闘と勝利に満ちた人生について語り始めた。しばらくすると、家の中から妻の声がした。「ジョン・ヘンリー。……お昼の時間よ」。それは、ジェームズの研究者人生を決定づける瞬間だった。男性は、アメリカの民間伝説の英雄である「ハンマー使いのジョン・ヘンリー」と同姓同名だったのだ。

その伝説は、一九世紀末の鉄道・トンネル作業員の間で広まったとされる。詳細については諸説があるが、学者たちの一致した見解は次のようなものだ。おそらく一八七〇年代末に、ウエストバージニア州のビッグ・ベンド・トンネル付近で、伝説的な出来事が本当にあった。ジョン・ヘンリーは強靭な体と驚嘆すべき持久力を持ち、鉄道のレールを固定する釘打ちの名人だった。やがて彼は、鉄道会社が導入を計画している蒸気ハンマーとの杭打ち競争に駆り出される。ジョン・ヘンリーと蒸気ハンマーは数日にわたり互角の戦いを繰り広げるが、終盤でジョン・ヘンリーが四キロのハンマーを立て続けに振り下ろして、劇的な勝利を収める。だが消耗しきった彼は、ゴールラインを越えた直後に息を引き取ってしまう。こうしてこのエピソードは、工業化時代の民間伝承になった。

その顚末は、黒人に高血圧症が多いことを説明しうる精神構造を象徴しているようにジェームズには思えた。S・サイムは一九七九年に「困難な心理社会的ストレス要因に対処するための長期的かつ高度な努力は、（黒人を含む貧困層に高血圧症が多いことの）最も簡潔な説明かもしれない」と述べている。病院で出会ったジョン・ヘンリーも、多くの逆境を乗り越えるために長期にわたりすさまじい努力をしてきたために、健康を損なったのかもしれない。その苦闘は、「黒人の男女全般（とりわけ労働者階級）が、社会経済的抑圧が広く深く蔓延したシステムから自らを解放しようとする苦しみ」を象徴しているとジェームズは考えた。そして、「積極的な問題解決の試みが高血圧をもたらす」という仮説に「ジョン・ヘンリー主義仮説」という名前をつけて、実証研究に乗り出した。

ジェームズはまず、被験者の「ジョン・ヘンリー度」を調べた。「わたしはずっと、自分の人生をかなり自分の望むとおりにできると信じてきた」「物事が自分の思い通りにいかないとき、もっと頑張る気になる」といった十二の文章への同意レベルを五段階で示してもらった。低所得の黒人として生きることは誰にとってもストレスになるが、ジョン・ヘンリー的な人（つまり、各文章への同意レベルが高く、「粘り強く努力して困難な状況に積極的に対処しようとする人」）にとっては、とりわけストレスが大きいだろうとジェームズは考えた。ジョン・ヘンリー主義は、ステレオタイプ脅威の影響を強く受けている人たち（自分の集団がネガティブにステレオタイプ化されている領域で成功することを大いに重視する人々）の姿勢と一致するように思われる。

ジェームズはまず、ノースカロライナ州ピット郡とエッジコム郡の少数の黒人男性でこの仮説を調べた。どちらも一部の例外を除けば、低所得の農村地帯の郡だ。調べるといっても、十二の文章に回答し、血圧を測定するだけだ。その結果は、ジェームズの推測が正しいことを示していた。ジョン・ヘンリー度が高かった男性は、低かった男性よりも総じて血圧が高かった。また、この傾向は富裕男性よりも貧困男性に多く見られた。同じ郡でサンプルを増やして調べたところ、同じ結果が得られた。ピット郡のある地域で、二五〜五〇歳の一七八四人を調べたところ、所得分布の下位三分の一に入る黒人男性で、ジョン・ヘンリー度が低い人々では、高血圧の有病率は一九・三％だったのに対して、ジョン・ヘンリー度が高い人の高血圧の有病率は三二五％に達した。

農村部の低所得黒人が直面する恐るべき環境だけでは高血圧は起きない。ジョン・ヘンリー度が高くないといけないのだ。つまり、困難な環境で苦闘し続けるほど、成功したいと思っていなければならない。人種も必要要因だった。低所得層で、ジョン・ヘンリー度が高くても、白人には高血圧の兆候はなかった。高血圧をもたらすのは、南部の農村部で貧しい黒人であるという条件に抗って、成功に向けて努力し続けることだったのだ。最近の研究では、中間層の黒人にも似たような兆候が見られることがわかっている。

6

すでに明白かもしれないが、本章で紹介してきた研究には、気落ちするような含意がある。すなわち、自分の集団が不利な条件下に置かれ、差別され、ネガティブなステレオタイプを抱かれている領域で高い能力を示そうとすると、過酷な代償がもたらされる可能性がある。成功したいと思うのは自然な感情だ。たとえば、社会で十分な成功を収めて、経済的な安定を確保すること（ジェームズの調査で、ジョン・ヘンリー度が高かった参加者が持っているであろう動機）を望まないのは難しい。また、たとえ障害が、ネガティブなステレオタイプを抱かれていることだけだったとしても、それを乗り越えようとすると代償を伴う。ステレオタイプ脅威の生理的影響に関する実験はそれを示した。これらの実験では、緩やかで一時的なステレオタイプ脅威でさえ、血圧を上昇させ、反すうを劇的に活発化させ、ワーキングメモリを悪化させ、困難なタスクの成績を低下させた。したがって、自分の属する集団がネガティブなステレオタイプを持たれていて、不利な扱いを受け、差別されている領域で、長期にわたり成功への渇望と奮闘が続くと、急性的な反応が慢性的な健康問題に変わる恐れがある。高血圧はその一つだ。

テッドは「アフリカ系アメリカ人の政治学」の授業で、いわば急性ステレオタイプ脅威を経験した。はっきりした理由はわからなかったが、極度の緊張と反すう、なんでもないこと（自分の名を名乗るなどなんでもないこと）への自信喪失といった強烈な症状は自覚していた。もしそうした症状が長期にわたり続いたらどうなるだろう。人生の基本的な目標を達成するために、「アフリカ系アメリカ人の政治学」のクラスで経験したのと同じ脅威に、人生の大部分にわたり対処しなければならなかったら。ある程度は慣れるかもしれない。対処するスキルも身につくだろう。同じアイデンティティを持つ仲間が見つかるかもしれない。それでもこのステレオタイプ脅威がなくなるわけではない。しばらくすると、健康に支障が出始めるのを予想するのはさほど難しくない。

それでもなお、社会で成功して経済的な安定を手に入れるというプレッシャーが非常に強ければ、テッドは現代のジョン・ヘンリーのように、こうした代償を進んで払うかもしれない。そして、キャピラノ橋を渡った男子学生たちがインタビュアーに惹かれる理由がわからなかったのと同じように、テッドは自分が代償を払っていることに気がつかない可能性が高い。彼の心の最前面にあるのは人生のニーズと目標であり、それを追い求めることの代償は背景に隠れている。テッドや、ジョン・ヘンリー度の被験者が、自分が払っている健康コストがいかに大きいか把握できるとは思えない。[4]

こうした代償を軽減するためにはどうすればいいのか。次章はこの問題に取り組もう。

4　慎重を期して付け足しておこう。ステレオタイプ脅威のプレッシャーと、その黒人への累積的インパクトが、緩和不可能かつ妨害的だったため、それを克服できた人は一握りに過ぎなかったと示唆するつもりはない。多くの克服例があるし、個人においてその影響を緩和できる要因はたくさんある。ステレオタイプ脅威のレベルが低い場合（のちに触れるが、同じアイデンティティの仲間の数が「クリティカルマス」に達している場合など）や、個人的にそのステレオタイプの例外扱いをされる場合などだ。

こうした恩恵を享受し、必要なスキルとモチベーションを持っていると、社会で一定の成功を収めることができ、それ自体が「ヴィヴァルディの口笛」の役割を果たして、ステレオタイプに基づく評価を払いのけられる場合がある。また、個人的特性（肌の色、なまり、服装など）ゆえに、ステレオタイプに基づく評価を避けられることもあるだろう。

もちろん、最悪の条件下でも懸命に努力してその脅威を克服する「ジョン・ヘンリー」もいるだろう。しかしここで重要なのは、こうした成功を実現するためには、何を克服する必要があるかを明らかにすること、そしてそのための代償に、わたしたちはいつも気づいているとは限らないという事実を明らかにすることだ。

8章 環境に潜む「サイン」の働き

クリティカルマスの力

1

二〇〇三年六月二三日、合衆国最高裁はアファーマティブ・アクション（マイノリティへの差別を是正する措置）が関連する二つの訴訟で画期的な判決を下した。ミシガン大学の学部と法科大学院の入学審査におけるマイノリティ学生への加点を不服とした白人学生が訴えたもので、どちらも出願者の人種を考慮に入れることは合憲と認められた（グリッツ判決、グラッター判決と呼ばれる）。だが、わたしは何週間も前から、この判決の方向性を確信していた。きっかけは五月一三日、ナショナル・パブリック・ラジオ（NPR）の人気ニュース番組『オール・シングズ・コンシダード』で聞いたサンドラ・デイ・オコナー最高裁判事のインタビューだ。当時、オコナー以外の八人の判事の意見は真っ二つに割れており、オコナーの見解が判決のカギを握ると見られていた。

インタビューでは、アファーマティブ・アクションへの言及はなく、話題の中心はもっぱらオコナーの著書『The Majesty of the Law』（未邦訳）だった。アリゾナの広大な農場「レイジーB」で育った幼少時代から、最高裁までの彼女の道のりをたどる回顧録だ。NPRの司法担当記者ニーナ・トーテンバーグが、女性初の最高裁判事に就任した当時の心境を聞くと、「息が詰まるようだった」とオコナーは答えた。どこに行くにもメディアに追い回され、新しい判決が下されるたびに、「オコナー判事はどのような立場だったのか」が注目された。その背景には、「最高裁判事として女性は適任なのか」という漠然とした疑問があった。十分な能力があるのか。フェミニストの傾向があるのか、ないのか。あらゆる方面から厳しいチェックの目が向けられた。

そこでトーテンバーグが「ギンズバーグ判事（オコナーに続く二人目の女性最高裁判事ルース・ベーダー・ギンズバーグのこと）が加わって、状況は改善したか」と聞くと、「天と地ほども違った」とオコナーは答えた。「ギンズバーグ判事が加わった瞬間、プレッシャーが取り払われた。九人の判事のうち女性が二人になったのだ。……本当に歓迎すべき変化だった」。車を運転しながらこれを聞いたわたしは、アファーマティブ・アクション判決がどうなるかわかった気がした。そのインタビューは、オコナーがミシガン大学側の抗弁の基礎である「クリティカルマス」の概念を理解していることを示唆していたからだ。

「クリティカルマス」とは、学校や職場など特定の環境で、少数派が一定の数に達した結果、その人たちがもはや少数派であるがゆえの居心地の悪さを感じなくなること（心理学用語でいうと、「干渉レベルのアイデンティティによる脅威」を感じなくなること）をいう。女性判事がオコナーだけだったときは、クリティカルマスが存在しなかった。だから彼女はストレスを感じ、余計な注目を浴び、司法界の女性ジャッキー・ロビンソンとしてプレッシャーを感じた。しかしギンズバーグが加わったとき、クリティカルマスが達成された。ストレスと重圧が低下した。心理的な変化だけではない。オコナーを取り巻く付随条件が変わった。最高裁判決が下されるたびに、コメントや「女性の視点」を聞いてくるメディアは減った。レストランまで記者に追い回されることもなくなった。いま彼女の職場には、女性としての経験と視点を共有できる人物がいる。オコナーはステレオタイプ的に見られることをあまり心配しなくなった。

ところがオコナーが引退して、ギンズバーグが最高裁で唯一の女性判事になると、クリティカルマスが失われ、ギンズバーグの付随条件は、かつてオコナーが経験したものと似てきた。「（オコナーが）引退するときまで、彼女のことをいかに恋しく思うか考えてみもしなかった」と、ギンズバーグは最近語っている。「わたしたちの意見は、多くの重要な法的問題で一致しなかったが、女性として育った経験を共有していたし、男性の同僚には欠けている感覚を持っていた」。また、女性判事が一人になれば、最高裁が「女性判事は当たり前の存在ではなく、好奇心から加えられた一度に一人限定の存在」だと示唆することになりかねないことも心配だった。オコナーの退任で、ギンズバーグの付随条件は悪化した。女性最高裁判事は、「普通のこと」から「普通でないこと」になったのだ。

「クリティカルマス」は相対的な概念であり、絶対的な数字を示すのは難しい。たとえばオコナーは、最高裁判事に女性が二人になっただけで、クリティカルマスを感じた。しかし大学ではマイノリティの学生が二人いるだけでは、クリティカルマスが達成されたとはいえないだろう。ある環境でクリティカルマスが達成されたと言うには、一人ひとりの付随条件を改善するほどマイノリティの数が大きくなければならない。典型的な大学のキャンパスに黒人学生が二人いるだけでは、少なすぎて、大学の社会（支配的なスタイルやステータスの基準、学生リーダーの条件、ステレオタイプ的にみなされる可能性など）に影響を与えることはできない。では、学生総数三万六〇〇〇人のミシガン大学で、黒人が一〇〇人、あるいは五〇〇人いればクリティカルマスとして十分といえるかというと、それはわからない。だが、九人の最高裁判事に女性判事が一人増えるだけで（合計二人になるだけで）オコナーの付随条件は劇的に変わった。

ハーバード大学の著名な組織心理学者リチャード・ハックマンと同僚のユタ・アルメンディンガーは、世界のオーケストラにおける女性団員のクリティカルマスを調べた。そして非常に興味深い発見をした。女性の割合が少ない（全団員数の一〇％以下）オーケストラで、女性団員が感じることは、ギンズバーグが最高裁に加わる前のサンドラ・デイ・オコナーの経験に非常によく似ていた。彼女たちは自分の実力を証明し、男性をモデルとする「いいオーケストラ団員」に自分が当てはまることを示そうと、激しいプレッシャーを感じていた。女性の割合が二〇％前後（一定のクリティカルマス）になっても、単なるお飾りとして女性団員がいるときと異なる問題（たとえばジェンダー間の摩擦が大きくなるなど）が生まれた。女性の割合が約四〇％に達してようやく、男女ともに満足度の高い経験を報告するようになった。

このように、厳密なクリティカルマスを求めるのは難しい。それでも二〇〇三年のその日、わたしはカーラジオを聴きながら、サンドラ・デイ・オコナーが現実的かつ重要な要素として、クリティカルマスを理解していたことがわかった。彼女はそれが存在するときと、存在しないときの両方を経験していたからだ。

世の中もっとシンプルだったらいいのに――。オコナーはそう思っていたかもしれない。誰もが一人の人間に過ぎず、個人のアイデンティティにかかわらず、全員にとって学校や職場が本質的に同じであることを願っていたかもしれない。アメリカ最高裁判所の唯一の女性であることが、アメリカ最高裁判所の男性判事であることとなんら変わらないことを願っていたかもしれない。アイデンティティ付随条件に一切とらわれず、個人の見解のみに基づく法律解釈をしたかったのかもしれない。オコナーは、個人主義を重視する西部に育ったが、最高裁でクリティカルマスの経験もしていた。だから、ミシガン大学のアファーマティブ・アクション裁判で、自らの経験に沿った判断を示した。そしてそれが決定票となり、ミシガン大学は学部の訴訟では負けた（不当な人数割り当てに近いとみなされたため）が、法科大学院の訴訟では勝利した。これにより大学は、入学審査で人種を検討事項の一つとして扱う権利を認められた。マイノリティ学生が大学の環境で学び、実力を発揮するためには、クリティカルマスを確保することが必要不可欠だと、最高裁は考えたのだ。

2

サンドラ・デイ・オコナーは、最高裁という個人として非常に重要な環境で、強烈なステレオタイプ脅威を経験した。本章の中心的な問いは、何がこうした脅威を本人に感じさせるのか、そしてそれによって受ける影響の度合いを決める要因は何なのか、だ。

わたしは心理学者なので、当初、ステレオタイプ脅威を感じやすい人がいるのは、自己不信や差別されることへの行き過ぎた不安、フラストレーションに弱いことなどの心理的な理由（または特性）が原因に違いないと考えていた。ところが初期の研究で、ステレオタイプ脅威の影響を最も受けやすいのは、マイノリティ学生や女子学生のなかでも成績上位グループに入る学生たちだとわかった。この人たちが脅威を克服するためには、もっと大きな実績をあげる必要があると言われても不可能に近いだろう。

そこでわたしたちは、環境要因を探り始めた。そしてアイデンティティ付随条件（特定のアイデンティティを持つがゆえに、ある環境で直面する状況）という仮説にたどり着いた。さらにそれが次の仮説をもたらした。ある人が特定の場面でどのくらいステレオタイプ脅威を感じるかは、その付随条件の存在を示唆するサイン（合図）によって決まるというものだ。たとえばオコナーの場合、自分の意見が他の判事の意見よりも注目を集めること、性別に基づくと思われる質問をされることといったサインがあった。「ステレオタイプ脅威を感じさせ、その影響を大きくするのは、個人の特性よりも、付随条件の存在を感じさせる環境中のサインである」ことが、わたしたちの当面の仮説となった。

ちょうどこの頃、わたしはこの仮説を実感する経験をした。シリコンバレーのあるスタートアップを訪問したときのことだ。そこには年齢を示唆するサインがあふれていた。ＣＥＯは二六歳で、スタッフは全員それよりも若かった。キューービクルの上に自転車がぶら下がり、聞いたことのない音楽が流れていた。わたしはすっかり年寄りの気分だった。そこが職場だったら、わたしはどんな気分になっていただろう。きっと同僚たちが自分のことをどう思っているかいつも気になったに違いない。彼らもふだんは年配の人間に対して偏見はないかもしれないが、職場では、「テクノロジーのことが全然わからない年寄り」というステレオタイプをわたしに重ね合わせるかもしれない。わたしを見下して期待しないかもしれないし、わたしの意見など聞く価値がないと思うかもしれない。つまらない人間だと思い、もしかすると、わたしと関わると自分の立場が悪くなると考えて、カフェテリアやミーティングでわたしを避けるかもしれない。誰も何も言わなくても、わたしはこうした付随条件を想像して、あれこれ心配するだろう。キュービクルの上にぶら下がっている自転車や、オフィスに流れている音楽のタイプ、つまりサインだけで十分なのだ。

やがてこの仮説が、わたしたちの大きな研究課題になった。すなわち、こうしたサイン（多くの場合、ある環境にごく自然に当たり前に存在する無害に見える要素）が、そこにいる人が感じるステレオタイプ脅威の度合いに影響を与えるのか。

この問いに「イエス」と答えるべき理由は十分存在する。最高裁におけるオコナーや、「アフリカ系アメリカ人の政治学」の授業におけるテッドのように、ある環境に溶け込もうとしている人にとって、アイデンティティ付随条件は最大の関心事になる。そのとき、その環境を構成する要素以上に関連性の高い情報があるだろうか。他には頼りになる情報は何もないことも多い。何らかのサインですべてがわかることもあるし、何もわからないこともあるから厄介だ。いくつものサインをかき集めて、深読みして、何らかの意味を見出そうと必死になる。最高裁が判決を下すたびに記者たちから多くの電話がかかってきたことは、オコナーに自分の見解が特別厳しいチェックの目にさらされていること（最高裁における彼女のアイデンティティ付随条件の一つ）を、痛感させたかもしれない。あるいは、弁論中の弁護士が男性判事の目しか見ない傾向に気がついて、女性であることが判事としての自分の地位を低下させていると感じたかもしれない。これも付随条件だ。オコナーに確信はなかった。もしかしたら、こうしたサインには何の意味もなかったのかもしれない。しかし意識的または無意識的に、それらのサインを探して、意味を見出そうとすることに、貴重な認知能力を消費していた可能性は高い。

そこでわたしたちは、「ある場面で、不安を抱かせるサインが蓄積されると、ステレオタイプ脅威を感じる可能性は高まる。逆に、こうしたサインが乏しいか、不安を抱かせるものでない場合、ステレオタイプ脅威は感じられないか、その感覚は低下するはずだ」という当面の仮説を立てた。ただこの仮説を検討する前に、アイデンティティ付随条件を感じさせる主なサインの例を見てみよう。

まず疎外感は、付随条件を感じさせる最大の引き金の一つのはずだ。そして疎外感を覚えさせるサインの第一位は、自分と同じアイデンティティを持つ人の数、つまり「クリティカルマス」というサインだろう。一九六〇年代後半～一九七〇年代に活躍したアフリカ系アメリカ人のテニス選手アーサー・アッシュは、「多くの黒人がそうするように、はじめての場所に行ったときは、カウントする。そこにいる黒人や茶色い顔を数えるんだ……」と言っている。テッドも、「アフリカ系アメリカ人の政治学」の授業で、自分と同じ白人の数を数えた。ギンズバーグも最高裁でそうした。なぜか。それはその数が、自分と同じアイデンティティの仲間が十分な数だけ存在し、その環境で自分が疎外されないかどうかを教えてくれるからだ。数が少なければ、いろいろ悪いことが起きる可能性がある。自分を受け入れてもらうのに苦労したり、同じ感覚を共有できる仲間がいなかったり、その環境で地位や影響力を得られないかもしれない。それはステレオタイプ脅威を追認するわけではないが、追認する可能性を高め、その不安が知的資源を食いつぶす。「アフリカ系アメリカ人の政治学」の授業で、テッドが二人しかいない白人の一人だったことは、この授業を受けている間ずっと、テッドの警戒心を最大限に高めた。

他にも疎外感を示唆するサインはある。たとえば、ある組織の幹部に、あなたと同じアイデンティティの人が一人もいない場合、あなたの野心はくじかれるかもしれない。重要性の低い役割を押し付けられるかもしれない。二〇〇八年米大統領選で、民主党指名候補の座をヒラリー・クリントンとバラク・オバマが争ったが、これは二つの大きなアイデンティティ、つまり女性と黒人を政治的に非疎外化するという意味で重要な出来事だった。もはや女性や黒人が、そのアイデンティティゆえに国の指導者レベルの地位へのアクセスを妨げられることはなくなったのだ。

環境そのものがいかにアイデンティティに基づき構成されているかも、付随条件を感じるサインとなる。学校や職場のカフェテリアのテーブルは、人種ごとに分かれているだろうか。学校の友達は、社会階級別のグループになっているだろうか。男性教授は女性教授よりも給料がいいだろうか。学区の校長は男性ばかりだろうか。地元のスイミングプールの利用時間から大学進学方法に関する情報まで、リソースへのアクセスは貧富の差の影響を受けるのか。

多様性がどのくらい受け入れられているか、というサインもある。あなたの学校は、多様性のある環境での経験を教育に欠かせないものと考えているか、それとも大して重要ではないと考えているか。この問題について、学校上層部の足並みは揃っているか、それとも意見が割れているか。こうした要素は、その環境に付随条件が存在するサインになる。

それからもちろん、偏見を示唆するサインもあるだろう。その環境では、偏見が日常的に表明されているか。その職場では、見下されているグループが存在するか。グループ間に競争が存在するか。

ここで、アイデンティティ付随条件を探すことについて、指摘しておきたい重要なポイントが二つある。第一に、ある環境で人がアイデンティティ付随条件を見つけようとするのは、その環境に溶け込みたいからだ。例外はある。たとえば、マイノリティしかいない学校の学生は、学校の老朽化を、社会が自分たちを見下しているサインとみなすかもしれない。だが、たいていは、自分のアイデンティティをその環境に溶け込ませようとする努力が、アイデンティティ付随条件のサインに目を光らせるきっかけとなる。

第二に、アイデンティティ付随条件を探すことは、必ずしも偏見探しとは違う。すべてのステレオタイプ脅威が、偏見を持つ人によってもたらされるわけではない。ギンズバーグが加わる前の最高裁について考えてみるといい。オコナーが直面したアイデンティティ付随条件の多くは、他の判事やスタッフの偏見とはほとんど関係がない。もちろん偏見があった可能性はあるが、彼女の問題はそれを超えていた。すなわち、最高裁が男性の感覚と内輪表現に支配され、女性の視点への配慮に欠けること、女性のクリティカルマスが欠けているためオコナーが帰属意識を持てないこと、法曹界と社会全般に女性に対するネガティブなステレオタイプがあること（それが彼女の仕事を評価するときに使われることもある）、紅一点の存在であるがために、各判決でオコナーが女性の声の唯一の代表になっていたこと、などだ。同僚の誰一人として性差別の意識がなくても、オコナーはこうした付随条件に対処しなければならなかった。

悲しいことだが、それが現実だ。アイデンティティに紐づく脅威は偏見だけではない。付随条件の脅威でもあるのだ。

3

それにしても、アイデンティティ付随条件のサインだけで、特定の組織への帰属意識まで傷つけることができるのか。人は自分を取り巻く環境に、そんなに調和しようとしているのか。わたしたちは環境に散らばっているサインのパワーを、かなり強いものとして評価しているようだったが、それは実証研究にも耐えられるのか。

この点を検証するにあたり、わたしは主に二人の同僚と協力した。バレリー・パーディーボーンズとメアリー・マーフィーだ。二人はバックグラウンドこそ異なる（バレリーはニューヨーク出身のアフリカ系アメリカ人で、メアリーはテキサス出身のヒスパニック系）が、それが合わさって一つの大きな才能を生み出しているようだった。二人とも心理学において優れた洞察力を持ち、アイデンティティが職場や学校の日常にどれだけ影響を与えているかを解明することに没頭していた。ときどきそこに、カナダのウォータールー大学の博士研究員ポール・デービス（現在はブリティッシュ・コロンビア大学教授）と、やはり優秀な社会心理学者のジェニファー・ランドル・クロスビーが加わった。ポールは頭の回転が速く、ジェニファーは特にアイデンティティが学習に与える影響に強い関心を持っていた。わたしたちは、「人間は島ではない（人は孤立して生きるものではない）」ということわざを証明するような課題にワクワクしていた。帰属意識のように非常に根幹的な感覚が、ステレオタイプ脅威を漠然と示唆するに過ぎないサイン（天井からぶら下がっている自転車、記者からの電話、政治学の授業で二人しかいない白人学生の一人であることなど）によって傷つけられるなどということが本当にあるのか。わたしたちの直感的な答えは「イエス」だ。だが、その気になれば（あるいは必要なら）、人は、そのような漠然としたサインを容易に無視できると仮定するのも合理的であることはわかっていた。

新たな研究によってわたしたちの直感のほうが正しいことが裏付けられた。マイケル・インズリクトとアビ・ベンジープは、三人グループで高度な数学のテストを受けてもらうという実験をした。三人全員が女性のグループは、男性が一人含まれるグループの女性たちよりもテストの成績がよかった。また、男性が一人だけ含まれるグループの女性たちは、男性が二人いるグループの女性たちよりも成績がよかった。つまり女性の数が減るにしたがい（副次的で漠然としたサイン）、女性たちの成績は悪化した。彼女たちは「島」ではなかった。コンテクストすなわち背景にある克服するべきサインの影響を受けていたのだ。

わたしたちとともに研究していたポール・デービスとスティーブン・スペンサーも、サインの威力を示す事例を明らかにした。彼らは表向きはメディア研究の一環として、男子学生と女子学生に六本のテレビCMを見てもらった。このうち半分は、六本のCMのうち二本に、「パーティー好きの女子大生」など「頭の悪い女の子」というステレオタイプを含むCMを見た。残りの半分が見たCMには、性的ステレオタイプは含まれていなかった。CMを見たあと、学生たちは向かい側の部屋に移動して、表向き別の研究に協力した。ある大学院生を助けるため、認知能力と数学の問題を好きなだけ解いてもらうというものだ。結果は明白だった。ステレオタイプ的な女性が登場するCMを見た女子学生は、見ていない女子学生よりも取り組んだ問題数が少なく、正答率も低く、理数系の専攻やキャリアにはさほど興味がないと答えた。完全に間接的で一時的なサインだったが、おそらく被験者の女子学生たちにとっては、追認したくないステレオタイプが喚起されて、数学の成績が下がっただけでなく、理数系の専攻やキャリアへの関心も低下した。

はじめてこの結果を聞いたとき、これを日常生活に一般化できないかと、わたしは考えた。こうしたサインの影響が、マイナーかつ一時的であることは間違いないだろう。だが、オコナーにとってギンズバーグが加わる前の最高裁や、テッドの「アフリカ系アメリカ人の政治学」の授業、あるいはコンピューターサイエンスのクラスで女子学生を取り巻く状況といった現実的な場面を思い出してほしい。これらの影響を引き起こしたサインは一時的なものではなく、それぞれの環境に継続的に存在していた。そして、それ自体として大掛かりで恒久的な影響をもたらす可能性が十分あった。わたしたちは「島」ではない。わたしたちの人生にとって重要な選択や成績は、その環境に存在する副次的な要素によってダメージを受ける恐れがある。たとえ自分ではその存在に気づいていなくても。

こうしてわたしたちは、環境に散らばるサインと、それが引き起こす脅威が成績を悪化させ、キャリアパスへの関心を低下させることを示す証拠を得た。ただ、サインのせいで、ある環境に帰属意識を持てなくなること、あるいはその環境を信頼できなくなることを示す直接的な証拠はなかった。

そこで、わたしとバレリー・パーデュー－ボーンズは、簡単な実験を考案した。黒人と白人に、「シリコンバレーのある企業のニュースレター」を読んでもらった後、この会社にどのくらい親しみを感じるか、そしてこの会社をどのくらい信頼できるか聞くものだ。このニュースレターは会社の特徴についての描写が異なるバージョンを複数作り、それが被験者が抱く帰属意識や信頼感に与える影響を調べた。

たとえばあるバージョンには、マイノリティ（黒人、ヒスパニック系、アジア系）の社員が数人いることを示す写真を掲載した。別のバージョンには、マイノリティの社員が大勢いることを示す写真にした。また、多様性に関する会社の方針を明記したバージョンも作った。このうち一部は、会社が「カラーブラインドネス」（肌の色を一切考慮せずに個人の幸福を推進すること、と定義される）に強くコミットしていることがはっきりわかる記事を入れた。「多様性の重視」（多様なバックグラウンドを持つ人材によってもたらされる多様な視点とリソースを重視すること、と定義される）を明言する記事が掲載されたバージョンも作った。

わたしたちはこのニュースレターを、さまざまな黒人と白人に配布した。研究室の学生はもとより、カフェテリアにいるビジネススクールの学生や、金曜日のパーティーに来ていた黒人エリートのグループ、そしてパロアルトとサンフランシスコ間の通勤列車に乗っていた一般市民にも配った。そしてマイノリティのクリティカルマスと多様性に関する方針という二つのサインが、その会社に対する親しみと信頼感に与える影響を調べた。

すると、ほぼ全被験者について明確な結果が見られた。白人被験者は、写真のマイノリティの割合（最大三三％）や、「カラーブラインドネス」や「多様性重視」の記事があるかどうかに関係なく、会社に親しみを感じ、信頼を抱いた（その会社は白人が大多数を占める設定となっていた）。会社の中でも外でも、自分が多数派に属することが、その会社への帰属意識をもたらしたのだ。

これに対して黒人被験者は、アーサー・アッシュと同じ行動をとった。人数を数えたのだ。その結果、写真のなかにマイノリティの社員が一定数いると確認できれば、会社を信頼し、帰属意識を持った。一方、多様性に関する記事があるかどうかは、帰属意識に何の影響も与えなかった。彼らの警戒を緩めたカギはクリティカルマスだったのだ。

ところが写真から、マイノリティ社員が少数しかいないことがわかると、黒人被験者がその会社に対して抱く信頼や親しみは別の条件に左右されるようになった。多様性に関する方針だ。ところが、「カラーブラインドネス」という方針（アメリカでは圧倒的な人種対処法だ）は効果がなく、むしろその会社に対する信頼感や親しみを低下させた。まるでマイノリティ社員の数が少ない以上、カラーブラインドネスを謳っても信用できないと思っているかのようだ。だが、「多様性重視」という方針はこうした不信感を抱かれなかった。たとえ現時点ではマイノリティ社員が極めて少なくても、その会社を信頼し、自分もその一員になれると考えたのだ。このことが現実の人種問題対策に教えてくれるのは、クリティカルマスの実現と多様性重視の姿勢は、マイノリティに職場を快適だと感じさせる一定の効果があるらしいことだ。

この発見は、別の事実も明らかにした。すなわち、ある環境でアイデンティティ付随条件を探すとき、一つのサインが別のサインの解釈に影響を与えうることだ。黒人被験者は「多様性重視」の方針を見て、マイノリティ社員の数の少なさ（通常なら大いに嫌がるはずだ）に目をつぶった。一方、マイノリティ社員が多いことがわかると、「カラーブラインドネス方針」や「多様性重視」方針の欠如を気にしなかった。

ひょっとすると、サインによる脅威を抑える原理はここにあるのかもしれない。ある環境において、特定の集団に「アイデンティティの安全」を感じさせることができれば、通常なら脅威を与えるサインのインパクトを無効化できるかもしれない。最高裁でオコナーに大きなステレオタイプ脅威を感じさせていた多くのサイン（男性中心のカルチャーと感性、男性判事しかいなかった歴史、女性判事の能力に対する社会全体の疑念など）は、ギンズバーグが最高裁判事に加わったあとも存在した。しかしギンズバーグがいることで、重要なアイデンティティ付随条件が変わり、オコナーは安全を感じ、多くのサインはさほど気にならなくなった。もう安全なのだとわかったからだ。

この発見は、新たな可能性を開いた。ある環境をアイデンティティ的に安全な場所に変えるには、ひょっとすると、脅威のサインをすべて取り除く必要はないのかもしれない。いくつかの極めて重要なサインを決定的に安全なレベルに引き上げれば、それ以外のサインの脅威レベルも低下するのかもしれない。この点については次章で詳しく述べる。

だが、メアリー・マーフィーは、この仮説の研究を進める前に、ステレオタイプ脅威のサインがもたらす影響をもう少し詳しく調べたいと思った。彼女が最も関心を抱いていたのは心と体の関係、心理的機能と生理的機能のつながりだった。すなわちステレオタイプ脅威は、どのような生理的影響をもたらすのか。オコナーも、その環境に存在するステレオタイプ脅威のサインがもたらすストレスのために、体調を崩したりしたのか。ある環境におけるサインも、心拍数の増加や血圧の上昇、発汗量の増加といった生理的な影響をもたらすのか。それまでの研究で、テストを受けているときにステレオタイプ脅威にさらされていると、そのような生理的反応が見られることはわかっていた（七章を参照）。だが、テストを受けるのは特別な経験だ。ステレオタイプ脅威が日常生活に与える影響をメアリーは知りたかった。もし、わたしがあのシリコンバレーのスタートアップで働き始めていたら、自転車が天井からぶら下がっているといったサインは、わたしにどのような生理的影響を与えるのか。「アフリカ系アメリカ人の政治学」の授業に出席することで、テッドは生理的影響を受けたのか。

この研究には助けが必要だった。メアリーはスタンフォード大学のわたしの研究室の上階にいる、ジェームズ・グロス教授にプロジェクトに協力してほしいと頼みに行った。グロスは、感情心理学と生理学の研究で先駆的な存在で、とても忙しい人物だったけれど、快く同意してくれた。小さな研究チームがスタートした。中心的な問いは、「ある環境におけるサイン（脅威となるアイデンティティ付随条件をほのめかすが、あくまでその環境では副次的に過ぎない要素）は、生理的な影響をもたらすのか」だ。さらにわたしたちは、「こうしたサインが存在すると、人はその環境への警戒心を高め、トラブルの種はないかともっと目を光らせるようになるのか」という問いも加えた。この種の警戒心は、その環境の副次的な特徴（そこにいる男女の人数、座っている場所、ドアの位置など）をどのくらい記憶しているかに表れる。警戒心が高い人ほど、こうした特徴をたくさん記憶しているはずだ。

わたしたちはスタンフォードの理数系の男女学生を集めて、「夏に開催予定の数学・科学・工学のリーダーシップ会議の宣伝用ビデオを評価してほしい」として、一人ずつ動画を見てもらった。また、彼らの生理的反応も調べたいと伝えて、動画の視聴中に生体センサーを装着してもらった。動画は、「昨年の会議で撮影された写真」で構成されているが、被験者の一部は、男女同数が写った写真からなる「バランスの取れた」内容のビデオを見る。それ以外の被験者は、男女比が三対一の写真からなる「偏りのある」内容のビデオを見る。わたしたちはこれが、女性被験者にステレオタイプ脅威を思い起こさせるサインになるかもしれないと考えた。被験者はビデオ視聴後、内容と実験室の副次的特徴をアンケート形式で答えた。

その結果、男子学生はビデオに出てくる男女比が均等であろうが、偏りがあろうが、記憶力に大きな違いはなかった。生体反応にも違いはなかった。彼らは一貫して冷静で、ビデオの内容も実験室の副次的特徴もあまりよく覚えていなかった。これに対して男女比が三対一のビデオを見た女子学生は、男女比が均等な映像を見た女子学生や男子学生と比べて心拍数、血圧、発汗量とも劇的に高く、ビデオの内容と実験室の特徴もよく記憶していた。彼女たちの注意力は高まり、「リーダーシップ会議」の付随条件を示唆するサインはないかと目を凝らしたのだ。登場人物の男女比を変えた（男性の数を増やした）だけで、彼女たちの生理反応と警戒心、そして最終的には記憶力が重大な影響を受けた。

オコナーとギンズバーグも、自分では気づいていなかったかもしれないが、それぞれ最高裁でたった一人の女性判事だったとき、アイデンティティ付随条件に一段と目を光らせ、追加的な生理的負担を強いられていた可能性が高い。そうした状況は容易に引き起こせることを、メアリーとわたしは発見した。それはごく普通の環境でも起きうることだ。通常の人は、ビデオに登場する男女比が三対一か一対一かなど、ほとんど気がつかないだろう。だが、男女比が三対一のビデオは、女子学生の心拍数と血圧を上昇させ、ストレスを高めるとともに、理数系の女子学生として対処しなければならない物事は他にないか、ビデオの内容と実験室の特徴に目を凝らさせるのに十分だった。

メアリーとわたしが実施した別の実験でも、副次的なよくあるサインで、ステレオタイプ脅威は引き起こされることがわかった。同時に、これらの実験では、希望もあらためて示された。安全を確実に示唆するサインがあれば、多くの場合、ステレオタイプ脅威を示唆するサインの威力は抑えられたのだ。

この研究に着手したとき、わたしたちは、ステレオタイプ脅威の強さは何によって決まるのかを探ろうとしていた。その答えは発見できたように思う。ネガティブなアイデンティティ付随条件を示唆するのは、サイン、すなわち環境を構成する要素だ。そのサインがたくさん存在するほど、それがもたらす脅威は大きくなる。また、その脅威が現実になる可能性が高いほど、わたしたちが感じるステレオタイプ脅威は大きくなる。オコナーが最高裁判事になったばかりの頃は、彼女の職場には、こうしたサインがあふれていた。最高裁という環境の日常的な特徴（女性用トイレが足りないことから、記者からのステレオタイプに満ちた質問まですべて）と歴史が女性であることと紐づいた付随条件を示唆していた。[5]

こうして一応の答えが得られた。わたしには嬉しい答えだ。なぜならサインや付随条件は、少なくとも一時的に変更して、その影響を抑えることができる。もし、ステレオタイプ脅威が、人間の心理的特性に根ざすもので、何らかの弱点であるなら、それを治癒するのはもっと難しいだろう。セラピストが大勢必要になる。だが環境なら、少なくとも一時的に変えることができるし、ここ一番という重要な場面でステレオタイプ脅威の影響を受けないようにする方法があるかもしれない。この答えが脅威を治癒するための手がかりを示してくれた。環境（その決定的に重要な特徴と構成、黒人コメディアンのバート・ウィリアムズが言ったところの「不便さ」）と、それがどう認識されているかに注目しろ、と。

次の挑戦が見えてきた。

5　この論理をマイノリティの学校教育に当てはめると、アイデンティティに基づく脅威のサインが多い学校や大学（マイノリティの学生が少ない、厳しくてエリート的でアカデミックな雰囲気が強い、マイノリティ向け施設がほとんどない、など）では、こうしたサインが少ない（十分なクリティカルマスが存在する、成功する方法がいくつも用意されている、学校の幹部にマイノリティがいるなど）学校や大学よりもステレオタイプ脅威は多く見られると考えられる。

9章 ステレオタイプ脅威を縮小する方法

ナラティブというトリック

1

一九六七年秋、わたしはオハイオ州立大学コロンバス校の社会心理学の博士課程に入学した。医科大学院であれ、法科大学院であれ、大学院の入学時に一定の脅威を感じない人はいないだろう。もちろん空威張りをする学生もいるかもしれない。だがそこは、自分が成功したい世界であると同時に、レベルが高く、周囲の評価がものをいう世界だ。誰もが「新入り」として、自分がそこに所属するに値することを示唆する証拠を手当たり次第に探す。わたしは、その博士課程で唯一の黒人学生で、一〇〇人を超える心理学の大学院生のなかでも二人程度しかいない黒人学生の一人だった。当時はまだ、高等教育では人種統合がさほど進んでいなかった。博士課程の学生として、わたしは他の学生よりも懸念すべき要素が一つ多かったわけだ。

わたしの存在は大学院のイメージに合っているだろうか。どの大学院もそうだが、オハイオ州立大学の大学院も価値観と研究の質において卓越性を重視していた。その要求はわたしを大いにやる気にさせてくれたが、唯一の黒人学生の視点から見ると、その卓越性は「白人しかいない課程」という事実とセットになっていた。このため、白人研究者の副次的な特徴の一部（カジュアルな服装を好み、ヨーロッパ風のものを愛し、辛口のワインを好み、黒人の生活やポップカルチャーはほとんど知らない）は、卓越性と暗に結びついていた。まるで「卓越性」がアイデンティティを持っているかのようだ。わたしはこうした特徴をあわせ持っておらず、手に入れられないのではないかと怯えていた。少しの間は努力できるかもしれないが、すぐにメッキがはがれて、卓越していない自分が顔を出すに違いないと思っていた。多くの大学院生は、専門家の文化に同化しようとするなかで、この「詐欺師症候群」（自分に十分な能力がないのに評価されていると感じることで、自己肯定感の低さの表れ）を何らかの形で経験するだろう。だが、アイデンティティの違いが人種的なものになると、この種の専門家文化への同化はほぼ不可能に思われることがある。

厄介な形のステレオタイプ脅威も漂っていた。大学院は、あらゆる特性のなかでも知性が最も重視される場所だが、アメリカでは、それはまさにわたしの集団つまり黒人に欠けていると考えられている特性だった。心理学という科学自体が、かさぶたを掻きむしる子どものように、黒人と白人は遺伝的に同じ知的能力を持つのかという問いを提起し続ける。アーサー・ジェンセンは、『IQと学力はどれだけ高められるか』と題された論文でこの疑問を提起した。のちにそれは、リチャード・ハーンスタインとチャールズ・マレーの『ベルカーブ』（未邦訳）（人種間のIQ差への言及で、米国内で大きな議論となった本）に発展する。心理学はこの問題を定期的に問いかける。そこに、問題の集団の標本であるわたしが現れた。

自然に振る舞っても見下されることはないと信じるのは難しかった。わたしが属する集団にはネガティブなステレオタイプがあって、わたしはこの分野で通常秀でている人たち（白人）のポジティブなステレオタイプに当てはまらなかった。それは難しいテストを受けるときだけでなく、常に存在するプレッシャーで、授業中も、会話をしているときも、フットボールの試合を見ているときも感じられた。それは人格を失わせるような効果があった。教職員の前では特にそうだった。博士課程の学生向けピクニックのような課外活動でも感じられた。わたしは授業中に質問をしたことがなかった。「アフリカ系アメリカ人の政治学」の授業でテッドが味わったのと同じ気分だ。ただ、わたしの場合、そのプレッシャーを感じるのは一つの授業だけではなかった。あるゼミで、自分の手の色を突然意識したときのことを覚えている。その黒さは何を意味するのか。何の意味もないのか。それとも、あらゆる意味を持つのか。

強調しておきたいのだが、わたしがこのように感じたのは、周囲がわたしに敵意を持って接したからではない。オハイオ州立大学は大学都市を構成していて、そのなかでも、わたしの博士課程は人種的に友好的な地区にあった。学生は総じてお互いを励ましあっていた。わたし自身、何事も自分に対する脅しではないと解釈するよう懸命に努力した。だが当初は、目にするものすべてに「これはどういう意味だろう」と考えていた。そこに溶け込むのは重労働だった。

大学院入学当初のわたしにはナラティブ、つまりその状況を理解して信頼を置くための筋立てが欠けていた。ナラティブの候補がなかったわけではない。「人の二倍努力して、他人がどう思っているかは無視しろ」というナラティブや、忍耐を重視する公民権運動時代の「とにかく自分を信じろ」というナラティブもあった。わたしはそのすべてを少しずつ取り入れていた。だが、緊張を低下させるためには、もっと現実的に安全を感じさせてくれる筋立てが必要だった。

やがて、そんなナラティブを与えてくれる事件が起きた。それは今、当時のわたしと同じ境遇にある人たちの助けになると証明されたナラティブだ。だが、その話をする前に、より根本的な問いに取り組んでおこう。「ステレオタイプ脅威は本当に大きな問題なのか」というものだ。ステレオタイプ脅威は、この研究のきっかけとなった、集団的な成績不振の最大の原因なのか。それともマイナーな一要因に過ぎないのか。ステレオタイプ脅威を是正する方法を本格的に論じる前に、その是正が大学の現場でいかに重要かを明らかにしておきたい。

2

ビル・ボーウェンは驚異的なエネルギーの持ち主として知られる。アメリカ中西部生まれの経済学者で、一九七二年に三九歳の若さでプリンストン大学の総長に指名された。そこで歴代学長でも最大級の功績をあげたのち、一九八八年にアンドリュー・メロン財団（アメリカの高等教育および芸術と人文科学への貢献で知られる）の理事長に就任すると、高等教育関連の政策課題は、可能な限り実証研究に基づき究明すべきだという強い決意を示した。また具体的な研究課題として、どのような経歴が大学における優れた成績につながるのか、それはマイノリティ学生や低所得家庭出身の学生にも当てはまるのか、アファーマティブ・アクション枠で入学した学生は、卒業後にどのくらい社会に貢献するのか、典型的な大学のスポーツ重視方針によって、どのくらいの学業成績優秀者が入学機会を失っているか、などの問題を提起し、そのためには実証研究が有用であることを力説した。

ボーウェンは、こうした研究に必要なデータを全米の名門大学に提供させる説得力と地位も持っていた。こうしてメロン財団の助成金で始まった研究プロジェクト「カレッジ&ビヨンド」は、全米二八の有名大学の学生三グループ（一九五一年卒、一九七六年卒、一九八七年卒）を、大学時代から卒業後、さらには四〇代まで追跡調査した。ボーウェンとデレク・ボク元ハーバード大学学長は、この研究をまとめた共著『The Shape of the River』（未邦訳）で、アファーマティブ・アクションに基づき入学した学生たちは、大学という「川上」では苦しんでも、のちの人生という「川下」では平均以上の貢献をすることが多いことを明らかにしている（「川の形」という意味の同書の題名はこのことに由来する）。

メロン財団は同じ時期、社会学者のスティーブン・コールとエリノア・バーバーによる名門大学の学生に関する研究にも助成金を出した。ボーウェンとボクの研究も、コールとバーバーの研究も、マイノリティ学生の成績不振が現実のものであることを示す強力な証拠を発見した。わたしがミシガン大学の学生獲得・維持委員会で見たのと同じ現象だ。明らかに、それはミシガン大学だけの問題ではなかった。しかしもっと重要なのは、どちらのペアも、その原因はステレオタイプ脅威かもしれないと示唆したことだ。ボーウェンとボクは、白人学生と比べたときの成績不振は、優秀な黒人学生ほど大きく見られること、そしてステレオタイプ脅威は優秀な学生ほど大きな影響を受けることから、おそらく黒人学生の成績不振にもステレオタイプ脅威が関係していると考えた。一方、コールとバーバーは、優秀な学生を見る限り（彼らの研究テーマは学生が学者になる理由だったため、そもそも成績優秀な学生しか対象にしていない）、ステレオタイプ脅威が最も大きいエリート大学ほど、マイノリティ学生の成績不振は大きいことを発見した。学生自身の文化資本の欠如や制度に関するノウハウの欠如など、他にも理由は考えられたが、彼らの研究は長い間、ステレオタイプ脅威が学生の成績に現実として影響を与える最高の証拠となってきた。

そこにダグラス・マシーの研究チームが登場する。彼らはまずペンシルベニア大学で、次にプリンストン大学で、黒人とヒスパニック系学生が名門大学で経験するステレオタイプ脅威を測定した。ダグラス・マシーはビル・ボーウェンと多くの共通点があった。背の高さ、驚異的なエネルギーと生産性、そして人種別居住区や中南米移民など、議論のある社会問題の研究を重視するところなどだ。マシーのチームは、やはりメロン財団の助成を受けて、大学での成績について全国的な研究をスタートさせた。これに、ボーウェンとボクの研究対象と同じ大学が含まれていた。具体的には、ほとんどのアイビーリーグと、大規模な一流公立大学、そして名門リベラルアーツ大学だ。ただし、マシーのチームが注目したのは、学生のバックグラウンドが大学の成績にどのような影響を与えるかだった。そしてボーウェンとボクの著書のタイトルをもじって、最初の報告書に『The Source of the River（川の源流）』というタイトルをつけた。

これらの大学に合格した約四〇〇〇人の学生（ほぼ同数の白人、黒人、アジア人、ヒスパニック系により構成される）に聞き取り調査が行われた。まず入学前に対面で聞き取り調査が行われ、その後は大学三年生まで毎春に電話調査が行われた。これでは九月に入学してから春まで、つまり一年生のほとんどの間、新入生が感じたステレオタイプ脅威は測定できないことになる。そこで研究チームは、入学当初の学生にステレオタイプ脅威を感じやすくさせる（と彼らが考える）学生の特性を調べた。たとえば、自分の能力を疑ったことがあるか、大学に行ったら教職員に能力が低いと見られるのではないかと心配か、などの質問がなされた。このような脆弱性がない学生も、ステレオタイプ脅威を感じる可能性はあったが、こうした脆弱性が黒人学生とヒスパニック系学生の入学当初の成績にかなり影響を与えることを、マシーのチームは発見した。高校の成績に基づく学業面での準備レベル、アドバンスト・プレースメント（AP）〔高校生に大学の入門レベルのカリキュラムと試験を提供する北米の早期履修プログラム〕の履修科目数、家族の社会経済的な地位、友人からの影響の受けやすさなども、入学当初の成績に影響を与えた。マシーのチームは次のように指摘している。「黒人およびヒスパニック系学生とそれ以外の学生の一年次の成績の差は、入学時のステレオタイプ脅威の影響の受けやすさと、学力的な準備レベルの違いによって、……かなりの程度まで説明できる」

では、こうした入学時のステレオタイプ脅威の影響の受けやすさではなく、黒人学生とヒスパニック系学生が実際にキャンパスで経験するステレオタイプ脅威は、成績に影響を与えるのか。マシーの研究チームは、春の電話インタビューで、「教授などがあなたをステレオタイプに当てはめて見ているのではないかと心配ですか」といった質問をしている。そして、このような心配をしている学生ほど、その学期の成績は低かったことを発見した。これは入学時にステレオタイプ脅威の影響を受けやすい学生も、そうでない学生も同じだった。

大学の成績不振には多くの原因があるが、黒人学生とヒスパニック系学生は、白人やアジア系の学生よりも、こうしたアイデンティティがらみの原因に数多く直面すると、マシーのチームは結論づけた。彼らの家庭は両親が揃っていないことが多く、在学中に勉強に集中できないほどの暴力やトラウマを経験する可能性が高かった。また、こうした学生は人種的に分断された環境の出身で、大学での好成績につながる文化的知識やノウハウへのアクセスがあまりなかった。大学進学資金が家族の所得に占める割合は高く、APを導入していない高校に通っている可能性が高かった。また、大学入学前の友人のネットワークは、大学での成績を重視していない可能性が高かった。

この発見は、大学外の人種や階級や民族と結びついた不利な条件（すなわちアイデンティティ付随条件）が、大学の成績にいかに大きな影響を与えるかを示している。こうした学生は、「一〇〇〇の切り傷」に直面すると、マシーは述べている。さらに、メロン財団の研究と同じように、マシーらの研究は、こうした不利な条件の影響に加えて、ステレオタイプ脅威が大学の成績に悪影響を与えることを発見した。これはひどく厳しい事実だ。黒人やヒスパニック系やアメリカ先住民系の学生は、白人やアジア系の学生と肩を並べようとして不利な条件を克服して大学に入学しても、さらなるステレオタイプ脅威に直面するというのだから。こうした集団で特別に恵まれた学生でさえも、そのアイデンティティに関連する追加的プレッシャーにさらされて、成績が悪化する場合がある。

しかしマシーのチームは、この影響を緩和する要因も見つけた。黒人教授だ。教授が黒人やヒスパニック系、さらにはクラスメートの多くが黒人やヒスパニック系の場合、黒人学生とヒスパニック系学生は、ステレオタイプ脅威を事実上まったく経験しなかったのだ。これも「クリティカルマス」の効果なのだろうか。テッドが、「アフリカ系アメリカ人の政治学」の授業の黒人学生について言っていたように、周囲に黒人学生が大勢いると、彼らはステレオタイプ脅威を感じなかった。

いずれにしろ、こうした研究は、アメリカの高等教育において、ステレオタイプ脅威がマイノリティ学生の成績不振の重大な原因であること、そしてそれは「是正する」価値があることを明らかにしている。そこで思い出されるのは、わたし自身の大学院時代の経験だ。

3

わたしは、トーマス・オストロムという学生アドバイザーの指導を受けた。学生アドバイザーとは、わたしのような博士課程の学生を研究助手にすることによって、研究者としての基本を教える若手研究者だ。トムはソフトな語り口の率直な人物で、はじめて会ったときは、一九六〇年代初めに流行ったショートヘアから、一九六〇年代後半のロングヘアに移行中の中途半端なボサボサ頭が印象的だった。新入りの大学院生にとって、トムは学者らしい厳格さを持ち合わせた僧侶のように見えた。自分の研究内容について話をするとき、トムはよくデスクに置かれた大きな白いロウソクに火をつけ、希望に満ちた微笑みを見せた。

いま振り返ると、当時のわたしは自分の世界にすっかり閉じこもっていた。大学院では特にそうだった。だが、トムに会うのは好きだった。彼は物静かで、真面目で、感じがよかったが、過度に親身ではなかった。だがそれは、自分の世界に閉じこもっている人間にとっては、むしろ歓迎すべきことだった。トムは、無表情なわたしを心配しているようには見えなかった。おそらく、どう対応していいかわからなかったのだろう。あるいは、そんなことに気がつきさえしなかったのかもしれない。わたしの状態に注目しているようには見えなかった。ロウソクの火の下で、彼は自分の研究に意識を集中させていた。トムに直接ほめ言葉をかけられたのは何年も後のことで、彼の関心は最初から、わたしたちの共同作業にだけ向けられていた。

このことから、わたしは一つのメッセージを受け取った。彼はわたしを価値あるパートナーとして信頼してくれているのだ、と。彼の研究活動には、少なくとも潜在的に能力のある仲間としてわたしが含まれていた。わたしの人種や階級アイデンティティは、どうでもよかった。彼がわたしをほめてくれたとしても、わたしは信じなかっただろう。それくらい神経質になっていたのだ。だが、研究をするなかでのトムとの静かな協力関係は信じることができた。わたしは感情を取り戻し始め、しトムがバンジョーを弾くことをからかった。トムも、ブルーグラスは最高だから聴いてみろと、しつこくすすめてわたしをからかった。シカゴ出身の黒人が、そんなジャンルを聴くことはないと知りながら。わたしたちは笑った。わたしのモチベーションは高まり、トムと同じくらい研究に熱心になった。トムはそれを気に入った。こうしてわたしたちは、お互いの接着面を見つけた。

トムとの関係がいい方向に向かい始めると、それまでわたしを嫌な気分にしていたサイン（誰が「頭がいい」かが常に話題になること、博士課程にも学部にもマイノリティがほとんどいないこと、授業中に「ニガー」という蔑称を口にする教員がいたこと、大学の支配的な文化とは異なる文化の出身なのだと思い知らされることなど）が、さほど気にならなくなった。もちろん嫌なことに変わりはなかったが、だからといって、わたしがここに溶け込めないという意味ではなかった。科学研究では、人々はわたしの仕事をありのままに受け止めてくれた。トムがそうだったように。

トムには、ステレオタイプ脅威の知識はまったくなかったし、アフリカ系アメリカ人の経験についての知識もさほどなかった。わたしたちの調和の基礎をなしていたのは、こうしたことではなく、率直で快適だが、あくまで研究中心の関係だった。それがあたかもクリティカルマスのような働きをした。つまり八章で紹介したように、クリティカルマスのような重要なサインが、決定的に安全なレベルに上昇したため、それ以外のサインの脅威レベルが下がったのだ。

それから何年も後、ジェフリー・コーエンが、トムのメンタリング戦略の効果を理論的に説明する実験を設計した。

4

ジェフリーは社会心理学者で、心理学の理論（基本的な心理過程の理解）と実践応用の両方に関心があった。コーネル大学の学部生時代には、恵まれない子どものための教育プログラムに参加したほか、一学期だけだが英サセックス大学に留学して社会福祉政策を研究した。こうしたなかで、ジェフリーは実践に基づく疑問を抱くようになった。すなわち「白人教員の批判的なフィードバックは、どうすれば黒人学生に信頼され、やる気を起こさせることができるか」だ。

そもそもなぜ黒人学生は、白人教員のフィードバックを信頼しないのか。このことを黒人学生の視点から考えてみよう。彼らは黒人であるがゆえに、白人教員からのフィードバックは自分の課題の質に基づいているのか、それとも自分が所属する集団に関するネガティブなステレオタイプに基づくのか、という解釈のジレンマに苦しむ。これは黒人学生がよく経験するアイデンティティ付随条件だ。この解釈上の迷いが、価値あるフィードバックさえも素直に受け入れることを難しくする。このようなジレンマを抱える学生に、どうすれば建設的な批判的フィードバックを与えられるのか。ジェフリーはその答えを求めて、第五章で紹介したリー・ロスとわたしとともに、かなり重労働を伴う実験を設計した。

まずスタンフォードの黒人と白人の学生を一人ずつ研究室に招き入れ、自分が一番好きな教員についてエッセイを書いてもらう。また、優れたエッセイは、大学が新たに刊行する教育関連の学術誌に掲載する予定だと告げ、二日後にフィードバックを取りに来るよう指示する。ジェフリーのチームは、実際にそのエッセイに目を通し、文章の添削をし、批判的なフィードバックを書いた。その作業は夜中までかかることも少なくなかった。

二日後に研究室に来た学生たちは、三種類のいずれかの方法でフィードバックを渡され、その後、その批判的フィードバックをどのくらい信頼し、どのくらいエッセイを手直しする気が起きたかを質問された。

フィードバックの三つの渡し方のうち二つは、学生を安心させるような前置きのないシンプルな渡し方だった。それでも白人学生はフィードバックを受け入れたが、黒人学生はその内容に人種的バイアスが反映されていると考えたのか、信頼せず手直しをする気も起きなかったという。

三つ目の方法では、学術誌に掲載するために、エッセイが「厳正に」評価されたこと、その学生のエッセイはこの基準を満たしている可能性があること、そしてその基準をクリアするための参考にするようにと告げて批判的なフィードバックが渡された。すると黒人学生も白人学生もその内容を信頼し、自分のエッセイに手直しを加える強力なモチベーションを得た。トム・オストロム式のフィードバックは、干からびた土地に注がれた水のように黒人学生に吸収された。それは彼らが滅多に得ることのない（と感じられる）助言として受け止められ、信頼され、彼らのやる気を復活させた。

なぜ、この方法はそんなに効果的だったのか。それはフィードバックをどのように解釈すべきかという迷いを解消したからだ。黒人学生たちは、知的能力に関する自分の所属する集団のネガティブなステレオタイプを当てはめられていないと認識した。なぜならそのフィードバックを与える人物は、高い知的水準を適用して課題を評価したうえで、自分にはそれを満たす可能性があると言ってくれたからだ。だから学生たちは、さほど危機感を覚えずに、本来持つモチベーションを解き放つことができた。

これはまさにトムがわたしにやってくれたことだった。トムはわたしに多くを要求すると同時に、わたしがその要求に応えられると信頼することによって、わたしの迷えるナラティブを取り除いてくれた。そもそもわたしがそのようなナラティブを持ち、それを取り除いてもらう必要があったのは、自分の集団に関するステレオタイプと、大学院にある無数のサインゆえに、自分はそこにふさわしい人間ではないのではないかと思っていたからだ。「アフリカ系アメリカ人の政治学」の授業で、テッドの少数派としての立場も同じようなナラティブを生み出していた。しかしテッドにはなくて、わたしにあったのは、トムの存在だ。トムのわたしへの接し方が、このナラティブを変えた。

このナラティブを変えるという試みは、ステレオタイプを持たれている集団の成績改善にも効果があるのか。この問いに答えるためには、この戦略を現実に試してみる必要がある。[6]

5

グレゴリー・ウォルトンは、二〇〇〇年代前半にジェフリー・コーエンがイェール大学にいたときに指導した大学院生で、現在は、スタンフォードの心理学教授だ。ジェフリーと同じく、グレッグはクリエイティブで、幅広いことに関心を持つ情熱的な研究者だ。彼は、社会心理学の理論を実践することと、常識を覆す大発見ができるか調べることに大いに関心があった。

二人が取り組んだ問いは、「脅威に対して強く警戒する」ナラティブを、「その環境に帰属し、成功できるのだ」という希望的なナラティブに切り替えられたら、それだけで大学における成績は改善できるのか、だった。そこで二人はマイノリティの新入生に、上級生のポジティブな経験談を読ませて、それが成績に与える影響を調べるというシンプルな方法を考案した。

想像してみてほしい。あなたが黒人で、難関大学の一年生で、わたしの大学院時代初期と同じように、自分の経験をどう解釈すべきかもがいていたとしよう。

その環境は、あなたには合わないのではないかと疑問を持たせるサインにあふれている。黒人とマイノリティの学生は少数で、教職員にマイノリティはほとんどおらず、民族研究プログラムは、主にマイノリティ学生向けと考えられており、学生団体は人種別にはっきり別れている。このため、あなたはこの大学が自分の成功と成長にとって正しい場所ではないかもしれないというナラティブ

6　本書執筆段階で、この方法には重要な異論が存在する。真の脅威（かもしれない）ことについて、心配する必要はないと説得するのがいいことなのか。そんなことをすれば、その脅威が現実になったとき、その人物がステレオタイプを当てはめられる経験に対処できなくなるのではないか。これはマイノリティの親が直面するジレンマだ。差別の脅威を強調するあまり、学校のような重要な場所で快適に過ごせないほど、子どもたちを萎縮させるリスクを冒すべきなのか。それとも、差別の脅威を強調しないことで、実際に差別されたとき無防備にしてしまうリスクを冒すのか。難しいジレンマだ。

しかしある環境に存在する脅威を軽く表現することは、冒す価値のあるリスクなのかもしれない。というのも、本書の中核的なメッセージに鑑みれば、自分が置かれた環境を信頼せずして（トム・オストロムが誘導してくれたタイプの信頼だ）、学習や実績や成績が最適化されることは考えにくいからだ。本書で紹介する研究からわかるように、脅威を強く意識したときの人間の反応（環境への警戒、反すう、諦めなど）は、多くの代償を伴う。目の前のタスクに注ぐべき精神的リソースやモチベーションを奪ってしまうこともある。

したがって、実際に偏見を経験したとき傷つく恐れはあっても、偏見を恐れるあまり不信感や諦めが生じて学習意欲が低下したり、成績不振に陥ったりするほうがもっと恐ろしい結果をもたらす可能性がある。価値を低く見られるのではないかという不安は、見下されることと同じくらい大きな代償をもたらす可能性がある。長年のわたしたちの研究に鑑みれば、環境への警戒心を強めるよりも、環境への信頼を高めたほうがいい。

を抱くようになる。

ある日、あなたは一時間弱にわたり、黒人上級生に関する総合調査の結果を見せられる。上級生の学生生活の変遷を物語調にまとめたものだった。あなたはその調査に興味を持った。自分と同じアイデンティティを持つ学生が、この大学でどんな経験をしたのか知りたいからだ。その調査によると、上級生も一年生のときは大きなフラストレーションや疎外感を覚えていたが、時間がたつにつれて、大学の支援と長所、そして多くの友達のおかげで、大学に帰属意識と満足感を持つようになった。それを知った一年生は、自分のフラストレーションも、希望に満ちた未来にいたるまでの一時的なトラブルに過ぎないという新しいナラティブを作る。その場合、あなたの学業成績は改善するだろうか。

グレッグとジェフは、ノースイースタン大学の一年生を対象にこの実験を行い、心強い結果を得た。シンプルなナラティブ変更の介入を受けた黒人学生は、次の学期、介入を受けていない黒人学生よりも、平均して三分の一レターグレード〔A+、A、A-というように一つのアルファベットが三段階に分かれているグレードの一つ分〕高い成績をとった。

これは長期的に見ても有望な結果だ。このようなナラティブ介入によって黒人学生の大学入学初期の成績が改善されれば、大学への帰属意識が高まり、それがさらに成績を改善するという相互強化スパイラルを生み出す可能性がある。本書執筆の時点でのフォローアップ調査の暫定的な結果は、まさにこれが起きている可能性を示している。

ナラティブを変更する方法はいろいろある。一九九〇年代初めに同僚のスティーブン・スペンサーや、リチャード・ニスベット、メアリー・ハメル、ケント・ハーバーとミシガン大学で行った研究は、深夜の雑談会という方法を使った。同じ寮の学生が深夜に集まり、人間関係がらみのトピック（両親や家族との関係、友達との関係、恋愛関係、教室での経験、フラタニティーやソロリティー〔アメリカの多くの大学にある学生の社交団体〕など）について話し合うのだ。一五人の参加者中、黒人学生は二～四人だったが、彼らはそれに参加することで最も恩恵を得た集団だった。対照実験のためにあらかじめランダムに選ばれた、雑談会に出席していない黒人学生と比べて、彼らの成績は三分の一レターグレード高くなり、白人学生に近い成績平均点（GPA）を取るようになったのだ。

なぜか。どうやら深夜の雑談会は、黒人学生が自分の経験を正確に解釈するために必要な情報を与えてくれたようだ。大学生の交友関係は、基本的に人種別になっているから、黒人学生は、白人学生も自分と同じような問題を抱えていることを知らない。さらに、さまざまなサインによって人種問題に敏感になっているために、黒人学生が大学における経験を解釈するとき、実際以上に人種が大きな役割を果たしているように感じる。雑談会はそれを是正した。そして大学生活のストレス（予想よりも低いテストの成績や、教員助手やクラスメートから折り返し電話がないことや、他の学生との非友好的な交流、慢性的な金欠状態など）は、人種に関係なくあらゆる学生が経験していることなのだと気がつく。すると黒人学生のナラティブが変わる。自分の経験をさほど人種的アイデンティティ中心に解釈しなくなり、大学の環境に対する信頼が高まる。警戒心が解かれるため、学業に多くのエネルギーやモチベーションを傾けることができる。だから成績が改善する。

ジョシュア・アロンソンとキャサリー・フライド、そしてキャサリン・グッドも独創的な研究によって、ナラティブの変更がマイノリティ学生の成績アップにつながることを示した。三人は、スタンフォードの黒人と白人の学生に、「知性は拡張できる」というナラティブをさりげなく教えることにより、ステレオタイプ脅威のインパクトを小さくしたいと考えた。このアイデアは、スタンフォードの心理学者キャロル・ドウェックの研究に由来する。キャロルの研究チームは、人間の能力は拡張できる（またはできない）という理論が、学業や仕事やスポーツに与える影響を調べた。チャレンジに立ち向かうために必要な能力は学習可能で、少しずつ拡張できるという考え方は「漸進理論」と呼ばれる。逆に、こうした能力は有意に拡張できず、パフォーマンスの制約となると考えるのが「固定理論」だ。有り体に言えば、知性は持っているか持っていないかのどちらかだという考え方だ。キャロルは自分の小学校六年生時代のことを次のように説明している。

担任の先生は、知能指数が生徒の価値と等しいと考えているようだった。座席は知能指数順で、知能指数が低い生徒には、黒板消しも使わせてくれなかった。集会で旗を持つことも、校長先生に出席簿を届けることもさせてくれなかった。……知能指数の低い生徒は惨めな思いをしたし、知能指数が高い生徒は、次の知能テストの結果次第では自分も現在の地位を失うのではないかとビクビクしていた。それは……生徒にチャレンジを促す環境ではなかった。

知的能力は固定的だと考えられている環境では、わずかな失敗も、致命的な烙印になりかねない。すると、危険を冒すのはやめておこうという意識が強く働く。

ジョシュアとキャリー、キャサリンのチームは、知性は拡張可能だというナラティブを学生たちに与えれば、ステレオタイプ脅威の影響を縮小できるのではないかと考えた。試験で悪い成績を取っても、それは改善不可能な限界を意味するのではなく、改善可能な問題として位置づければ、ステレオタイプを追認するリスクを縮小するのではないかというのだ。

この問題を調べるために三人は次のような方法を考案した。スタンフォードの黒人と白人の学生に、カリフォルニア州イーストパロアルト〔低所得層の居住地域〕のマイノリティの小学生を励ますという名目で、人間の知性は拡張可能だという内容の手紙を書いてもらう。学生たちには、そのための資料が提供される。学習の本質や、学習と経験により脳が成長すること、さらに人間が知的能力を大幅に強化してきたことを示す証拠などだ。学生たちは小学生宛てに手紙を書くことによって、このナラティブを徹底的に咀嚼する。知的能力についてネガティブなステレオタイプを持たれていない白人学生は、この手紙を書いても成績に変動はなかった。一方で、ネガティブなステレオタイプに該当することを疑われて生きてきた黒人学生は、このナラティブの変化により、次の学期の成績が三分の一レターグレード上昇した。

ステレオタイプ脅威に直面している人に、その人が置かれている状況について、より正確で希望に満ちたナラティブを構築する情報を与えれば、大学の成績という非常に現実的な側面の改善をもたらせることを、この興味深い実験は示した。新しいナラティブは、その人のパフォーマンスをそれまでとは大きく異なる軌道に乗せることができるのだ。

6

ただ、こうした研究は名門大学に合格した優秀な学生を対象に行われた。ステレオタイプ脅威を縮小することは、知的能力についてステレオタイプを持たれている初等・中等教育の生徒の成績も向上させるのか。

この問いに取り組む前に、基本的な問題を検討しておきたい。すなわち子どもは、ステレオタイプ脅威を感じるほど心理的に成熟しているのか。女の子であるとか、黒人であるといったことを理由に、ネガティブなステレオタイプを持たれる可能性を理解できるのか。

この点について、本書は意図せずいくつかの証拠を示してきた。第五章で紹介したナリニ・アンバディを思い出してほしい。ボストンで、ステレオタイプ脅威が、アジア系の少女たちの数学の成績に与える影響を調べた心理学者だ。最も若い被験者は、五~七歳の女児だった。アンバディは、被験者に年齢相応の数学のテストを与えた。そしてテスト開始の直前に、同年代の女の子が人形を抱いている絵のぬりえをさせることで、ジェンダーに関連するイメージを喚起させた。ぬりえの内容は、風景画もあれば、アジア系の子どもが箸でご飯を食べている絵もあった。人形を抱いている絵のぬりえをした五～七歳の女児は、風景画またはご飯を食べている絵のぬりえをした女児たちよりも、数学テストの成績が著しく悪かった。つまり五～七歳の女児でも、女の子が人形を抱いているようなありふれたサインによって、数学の能力を発揮できなくなるのだ。彼女たちは、自分の集団が数学でどのように見られているか十分感じることができたようだ。

二人のイタリア人研究者バルバラ・ムツァティとフランカ・アニョーリも、同じような副次的サイン(上級数学のクラスでは、男子学生が圧倒的に多いという情報が一瞬だけ示される)によって、わずか一〇歳のイタリア人の少女たちの数学の成績が下がることを発見した。さらにドイツ人研究者ヨハネス・ケラーのチームは、ドイツでもステレオタイプ脅威が六年生の女の子たちの算数の成績を押し下げることを発見した。

こうした証拠は、低年齢の子ども(少なくとも五～六歳まで)も、ステレオタイプ脅威を感じるほど心理的に成長しているらしいことを示している。大人と同じように、そのステレオタイプが関連する領域で少女たちの成績は下がっている。ということは、ステレオタイプ脅威はほぼ一生にわたり蓄積効果があることを意味する。たとえば、それは女性が数学に関与する機会がさほどないうちから、数学への関心を低下させる可能性がある。その影響の強さ(プレッシャーの強さ)は、大人の場合と同じように、ステレオタイプを喚起するサインが環境にどれだけ密に存在するかに左右されるようだ。[7]

しかし、初等・中等教育における、人種、ジェンダー、階級による成績格差にステレオタイプ脅威が与える影響を調べるもっと強力な方法がある。高等教育でこの問いを探ったときと同じ、介入調査だ。本書で紹介してきた多くの人たち（ジェフリー・コーエンやジョシュア・アロンソン、キャサリン・グッド、キャロル・ドウェックなど）と、これから紹介するフリオ・ガルシアは、初等・中等教育でこの戦略を試し、見事だが、胸痛む大きな発見をなした。

7

ジェフリー・コーエンとフリオ・ガルシアが出会ったのは、スタンフォード大学大学院の社会心理学研究課程だった。ちょうどわたしがスタンフォードに来た年だ。ジェフリーは本書で何回か登場してきたが、フリオはまだだったと思う。フリオはカリフォルニア州サクラメント出身のメキシコ系アメリカ人で、メキシコにアボカド農場を所有する中流家庭に育った。アメリカとメキシコの両方を母国と呼べる環境で育ち、心理学者らしく人間の本質に心から興味を抱いていた。ジェフリーとフリオはスタンフォードを卒業した後、それぞれ研究者として立派なキャリアを築いていたが、あるとき再会し、あれこれ話しているうちに、ともに気になっていた初等・中等教育への介入方法について、ワクワクするアイデアを思いついた。

7　ある学生が学校で感じるステレオタイプ脅威の量は、学校における関連するサインの密度に左右されるという考え方は、興味深い意味を持つ。それは、アイデンティティによって分離された学校では、実のところアイデンティティ付随脅威が小さい可能性があることを示している。女子校や女子だけのクラス、あるいは事実上低所得のマイノリティの学生しかいない学校などだ。そのような学校では、全員があるアイデンティティを共有しているため、その集団に関するネガティブなステレオタイプに基づき評価されても、さほど大きな脅威が感じられない。とはいえ、それは完全な安全を保証するわけではない。たとえアイデンティティ別に分けられた環境でも、他のサイン（壁の写真、カリキュラム資料にそのアイデンティティがどのくらい反映されているか、教員の期待やサポートなど）は、依然としてステレオタイプ脅威を引き起こす恐れがある。

　また、わたしはアイデンティティ別の学校やクラスを擁護しているわけではない。このような戦略はマイナス面がありえる。たとえば、そのような環境で教育を受けた若者が、将来、人種やジェンダーが統合された環境にどのくらいうまく対応できるかはわからない。それにわたしたちの研究は、アイデンティティが統合された環境でも、あらゆる学生がアイデンティティ的に安全を感じられるようにできるという希望を示している。しかし、ある戦略が常に有効とは限らず、特定の状況でのみ有用かもしれない場合でも一定の価値があるという原則に鑑みて、アイデンティティ別に分けられた環境では、ステレオタイプ脅威を大きく下げられることを付記しておきたい。

これは一九八〇年代にわたしと大学院生が構築した自己肯定化理論（第三章で紹介したもの）に基づくものだ。人間は、自分を善良で適格つまり「道徳的で適応力がある」とみなす傾向がある。その自己認識が何らかの出来事や他人の評価、あるいは自分自身の失敗によって脅かされると、いいイメージを取り戻そうと必死になる。その試みが失敗すると、あるいはそうした試みができない場合、自分の行動や出来事を正当化したり解釈を変えたりして、道徳的で適応力があるというイメージを取り戻そうとする──。

このプロセスが生じることを示す最大の証拠は、自己イメージが脅威にさらされている人（たとえば何か重要な問題で自己矛盾をさらすなど）に、一歩引いて深呼吸をさせ、より大きな価値のある自己認識を持つ機会を与えると、古い自己イメージの回復を封じることができることだ。この「一歩引いてみる機会」を、わたしたちは「自己肯定」と呼んだ。より大きな自己イメージと比べると、古い自己イメージを襲う脅威はちっぽけで、さほど説得力がなく見えるため、自分の行動を無理に正当化する必要性を感じなくなるわけだ。

ジェフリーとフリオは、教育現場におけるステレオタイプ脅威は、基本的に、自己肯定化理論において自己イメージが壊れる脅威（つまり自分は道徳的かつ適応力があるという生徒の自意識を脅かすもの）と似ていると考えた。教室という環境における脅威のサイン（見下されているマイノリティ集団に所属することや、自分の集団についてのネガティブなステレオタイプが学校の重要な活動に常に関連していること、自分が疎外された存在であることを示唆するアイデンティティ別の学生団体など）は、自分は誠実な人間だという自己認識を脅かす可能性がある。このように、ステレオタイプ脅威は現実の教室で生まれ、絶え間なく学生の自信と帰属意識を動揺させるという仮説を立てたのだ。

そのうえで、能力についてステレオタイプを持たれている学生にも、自己肯定的なナラティブを構築する機会を与えれば、教室で感じる脅威を縮小できるかもしれないとジェフリーとフリオは考えた。もしそうやって脅威を縮小できたら、成績も改善するのか。理論的には筋が通っている。現実でもそのとおりになるなら、幅広く活用できる簡便な方法で、マイノリティ学生の成績不振を改善できるかもしれないのだから、価値は大きい。

だが、そう簡単にいくだろうか。マイノリティの成績不振のような根深い問題を、そんなに一時的な措置で緩和できるのか。あまりに理論に期待しすぎではないか。本書で強調してきたように、マイノリティ学生の成績不振の原因は、社会経済的に恵まれない環境から、家族の離散や学業を軽視するサブカルチャーまで多種多様であり、幅広い教育改革をもってしても、わずかな効果さえ得られなかったし、たとえ何らかの改善があっても、長く維持できなかった。それなのに簡単な自己肯定化によって、成績不振を改善できるのか。ジェフリーとフリオにも確信はなかった。

そこで二人はバレリー・パーディー＝ボーンズと、ジェフリーの学生であるナンシー・アプフェルとアリソン・マスターの協力を得て、コネチカット州ハートフォード近郊の人種的に統合された学校の七年生（中学校一年生）を対象に実験を行うことにした。教員は新年度が始まってすぐ、担任の生徒全員に、一人ひとりの名前が書かれた封書を渡す。このとき無作為に選ばれた半分の生徒には、自分にとって最も重要な価値（家族関係、友達関係、音楽で秀でていること、信仰など）を二つから三つ挙げ、その理由を一段落の短い文章で説明せよという指示が入っている。つまり、これらの価値観を個人のナラティブとして構築してもらうわけだ。作業時間にして一五分ほどの簡単な課題で、生徒たちは書き終わった用紙を封筒に戻して、先生に手渡す。その後、学期中に同じような作業を何度かする。それだけだ。

一方、それ以外の半分の生徒は、要領は同じだが、自分にとって最も重要でない価値を書き出し、それが他の人には重要かもしれない理由を書くという指示を与えられる。つまりこのグループは価値観について考えたものの、自分を肯定するナラティブを構築する機会は与えられなかった。果たして自己肯定化をするかしないかという小さな違いで、学校の成績に影響が出るのだろうか。

影響は出た。それも劇的に。自己肯定化作業は、新学期が始まってから三週間で、生徒（ただし最も優秀な黒人生徒を除く）の成績を前年度よりも上昇させた。なかでも、前年度に最も成績が悪かった生徒の成績が最も改善した。この成績上昇は、自己肯定化をした授業でも、それ以外の授業でも見られた。さらに自己肯定化作業により、生徒たちがその学期全体を通じて、人種的ステレオタイプについて考える時間が減ったことがわかった。自己肯定化作業をしなかった黒人生徒の成績は下がり続け、学期が進むにしたがい、人種間の成績差格差は一段と大きくなった。一方、自己肯定化作業をした黒人生徒たちは、成績の低下がストップしたか、ペースが鈍化して、白人生徒との成績格差は四〇％も縮小した。さらに驚嘆するのは、フォローアップ研究によると、自己肯定化作業をした黒人生徒の成績は上昇し続け、白人生徒との成績格差はその後二年以上にわたり縮小し続けたことだ。（この研究で、自己肯定化作業は白人生徒の成績改善にはつながらなかった。ジェフリーやフリオは、この点を次のように説明している。「この介入は、幅広く蔓延している激しい脅威にさらされている学生には、所属集団を問わず成績を改善すると、……わたしたちは考えていた。ところがこの教室で、白人集団は人種的アイデンティティに基づく脅威を感じていなかった」。黒人選手が大勢いるエリートのバスケットボールチームなら、この白人生徒たちも「幅広く激しい」脅威を感じていたかもしれないが、自分たちが多数派を占める教室では感じていなかった。したがって、自己肯定化によるステレオタイプ脅威の軽減は、クラス全体の平均成績にはほとんど影響を与えなかった）

多くの人はこの発見に驚嘆するだろう。驚きがあまりに大きくて、その効果を疑う人もいる。「ふむ、自分を定義する価値観を一五分間熟考して書き出すのは、おそらくいいことだ。だが、それがマイノリティ生徒の成績を向上させるなどありえるのか。これまで実に多くの試みが失敗に終わってきたのだ。しかもその影響が二年以上続く可能性があるとはどういうことなのか」と。

このような懐疑論に対して、科学者としてできる最善の反論は、結果を再現することだ。ジェフリーとフリオ、バレリーらの研究チームは、コロラド州ボルダー近郊の学校で、今度はヒスパニック系アメリカ人を対象に同じ実験を行い、結果を再現した。だが、なぜこのような効果があるのかという疑問は大きくなる一方だった。

これについて、ジェフリーの研究チームは二段階の説明を示した。まず、自己肯定化の仕組みの説明だ。作文を書いて自分の能力と価値観を幅広く認識した生徒たちにとって、初期の悪い成績や、教室に存在するステレオタイプ脅威的なサインは、さほど重要ではなくなった。このため環境に対する警戒心が低下して、学業に集中する精神的余力が生まれ、成績が上昇した。第二に、成績が上昇したことが悪循環を断ち切った。

これに対して、自己肯定化作業をしていない黒人生徒には悪循環が顕著に見られた。すなわち、初期の挫折と教室における脅威的なサインに不安を募らせ、それが成績に響き、それが一段と彼らを不安にし、成績低下に歯止めがかからなくなる。ジェフリーたちの説明をそのまま紹介しよう。

黒人、すなわちステレオタイプを持たれている集団は、初期の失敗（とステレオタイプ脅威的なサイン）に対して大きな心理的脆弱性を示した。彼らは初期の失敗が、そのステレオタイプを、学業面で成功を収める能力に関する昔ながらのグローバルな指標として追認してしまったと感じる。自己肯定化作業は、ここで彼らの自尊心を強化することにより、適格意識を維持する助けになるとともに、初期の成績不振がその後の成績や心理に悪影響を与える連鎖を断ち切った。

本書からわかっていただけると思うが、理解というものは継続的研究によって進化する。それはこの自己肯定化に関する研究についても間違いなく言える。社会心理学者が呼ぶところの自己肯定効果の媒介（自己肯定化がマイノリティ学生の成績にプラス効果を与えるために必要な、つまりないと効果を発揮できない要素）も、必ず発見されるだろう。たとえば、教え方が上手な上位校では、自己肯定化作業は成績改善効果をもたらすかもしれないが、教え方が下手な下位校ではそうした効果はないかもしれない。ジェフリーの研究チームは、自己肯定化の介入が成功するかどうかは、学校の教員やリソースの質に左右されると強調している。ステレオタイプ脅威の縮小が黒人生徒の成績アップにつながったのは、それが良質な教員やリソースへのアクセスを改善したからに過ぎないというのだ。もし実験対象となった学校に、質の高い教員やリソースがなければ、自己肯定化作業の効果はほとんどなかったかもしれない。また、自己肯定化作業は、ステレオタイプ脅威が成績悪化要因の一つとなっている人種統合された学校では効果を発揮するかもしれないが、ステレオタイプ脅威がさほど大きくない、アイデンティティが均一な学校では、あまり効果はないだろう。女子校や、低所得層に属するマイノリティの生徒ばかりの学校など、ほぼ全生徒が、学力についてステレオタイプを持たれているアイデンティティを共有している場合、ステレオタイプに基づき評価されたり、扱われたりする脅威を感じる機会があまりないかもしれない（より幅広い議論については、脚注7を参照のこと）。

とはいえ、現在わかっていることは、重要なポイントを明らかにしている。すなわち心理学的な介入によって、マイノリティの子どもが自分の集団の能力に関するネガティブなステレオタイプの影響を受けにくくなると、学業成績が長期にわたり大幅に改善することだ。ステレオタイプ脅威は、試験のときだけ起きる一時的な脅威ではなく、日常生活におけるフラストレーションと、環境におけるサインの意味を増幅して、経時的に破壊性を増す隠れた脅威なのだ。ジェフたちの研究で自己肯定化作業をしなかった黒人生徒たちがたどった運命は、こうした「社会心理学的」プレッシャーが現実生活にいかに深遠な影響を与えるかを示している。また、人種統合された学校にとって、ステレオタイプ脅威の隠れた影響は、人種による成績格差の大きな原因となっている可能性があり、この脅威を縮小することが解決策のカギとなることもわかる。

では、ジェフの研究チームが明らかにしたことは、他にも応用できるのか。

答えはイエスだ。

キャサリン・グッドとジョシュア・アロンソンは、キャロル・ドウェック式の激励方法（人間の能力は固定的ではなく拡張可能だと教える方法）が、学校でステレオタイプ脅威の影響を縮小し、能力についてステレオタイプを持たれている生徒の成績やテストの点数を上昇させられるかどうか調べた。テキサス州の農村部の中学校一年生から、低所得家庭出身のマイノリティの生徒を無作為に選び、一年にわたり大学生のメンターをつける。この期間中に大学生は担当する生徒に二回会うとともに、日常的にメールをやり取りして、学業上の助言をした。ただし、中学生は二つのグループに分けられており、一方のグループには、知性は拡張できることを強調する助言が与えられた。メンターは、脳は新しいことを学ぶと新しい神経間結合を作ることを毎回説明し、難しい問題を解こうとすると神経細胞の樹状突起が伸びることを示すウェブサイトを見せた。もう一つのグループの中学生は、知性の拡張可能性ではなく薬物の乱用防止を強調する助言が与えられた。

さて、成績がアップしたのはどちらのグループだろう。

テキサス学力考査は、学年末に行われる標準テストだ。それによると、メンターが知性の拡張可能性を強調したグループは、男女とも読解問題で、もう一方のグループよりも大幅に優れた成績を見せた。しかも、「知性は拡張可能だ」というメッセージが最大の効果を発揮したのは、女子の数学の成績だった。通常なら、こうしたテストで最も大きなステレオタイプ脅威にさらされる科目だ。知性の拡張可能性が強調されたグループでは、女子の数学の点数は男子と同レベルだった。一方、メンターが薬物乱用防止を強調したグループでは、女子の数学の点数は男子よりも大幅に低かった。ステレオタイプ脅威を縮小する介入が、通常この種のテストに伴うジェンダーギャップを完全に取り除いたのだ。

8

こうした研究は、自己肯定化や「人間の能力は拡張可能だ」というマインドセットを伝えるといった介入方法によって、能力についてステレオタイプを持たれている初等・中等教育の生徒たちに、脅威を縮小するナラティブを持たせることができることを示している。そうだとすれば、能力についてステレオタイプを持たれている生徒を指導するのが上手な教師のアプローチを研究すれば、ナラティブを変えるテクニックが他にも見つかるのではないか――。読者のみなさんはそう思われるかもしれない。わたしの妻ドロシー・スティール博士がそう思ったように。このような教師たちが使うテクニックは、「アイデンティティの安全」を作り出し、成績を改善する戦略を教えてくれるのか。この問いを探るべく、ドロシーは多くの社会心理学者を説得して、カリフォルニア州リッチモンドの複数の小学校を舞台にした研究に参加してもらった。たとえば、著名社会心理学者で、現代文化心理学の先駆者のヘーゼル・マーカスや、八章で紹介したポール・デービス、エモリー大学の高名な教育社会学者でこのプロジェクトが始まったときスタンフォードの客員教授だったアマンダ・ルイス、それに研究管理のプロのフランシス・グリーンなどだ。もちろんわたしも含まれる。その小学校の生徒は三三％がヒスパニック系、三二％がアフリカ系、一七％が白人、一二％がアジア系、そして六％がその他の人種で、大多数は低所得家庭の出身で、何らかの能力についてステレオタイプを持たれているアイデンティティに属していた。

ドロシーの計画はシンプルだった。その学校の教師たちを観察して、できるだけたくさんのアプローチと教室文化をリストアップして、生徒たちにアイデンティティ上の安全を最も感じさせ、学年末の標準テストで好成績につながるものはどれか見極めるのだ。

心理学者という観察のプロが、リッチモンドの一三の小学校の八四の教室で、三年生と五年生の教師を観察した。各教師につき三回の授業を見学し、「生徒とのポジティブな関係」「子ども中心の意思決定」「高い期待と厳格な学問探究」「基礎学力の重視度」「教員のスキル」「教員の不寛容性」

など一九項目で評価した。

その結果、生徒にアイデンティティ面で安心感を与え、学年末試験の成績を向上させる教員のアプローチと教室文化の組み合わせが明らかになってきた。その影響は三年生よりも五年生のほうがやや大きかったが、効果をもたらす要因は同じだった。すなわち生徒とのポジティブな関係、子どもを主役にした教え方、画一的な戦略ではなく多様性を活用した指導方法、教員のスキル・温かさ・話しやすさ、などだ。興味深いことに、これらの学校では、基礎学力を重視したトップダウン式の意思決定は好成績をもたらさなかった。ドロシーによると、効果的でアイデンティティ面で安心感をもたらすアプローチは、「生徒にステレオタイプ脅威を感じさせるサインを出さないようにし、人種や性別にかかわらず全員が、クラスに貢献する貴重な存在だと感じさせることを目指している」。

9

ここまでの研究で、人種統合された初等・中等教育で、ステレオタイプ脅威を縮小すると、能力についてステレオタイプを持たれている生徒の学力が改善することがわかってきた。大学生と同じだ。その恩恵は巨大で、信頼できるもので、長続きすることも多い。また、その介入方法は低コストで、比較的簡単に実行できる。介入には一貫した原則がある。学校でステレオタイプ脅威を緩和するナラティブを作り出すのだ。また、どんなケースにも効く万能薬的な戦略はまだないが、一連の効果的な戦略がわかってきた。要求は厳しいが支援的な関係を作ることによって信頼を醸成すること、将来的にはその環境に帰属意識を持てるようになるという希望的なナラティブを構築すること、多様なアイデンティティを持つ人たちが交わる気さくな会話の場をもうけて、つらい経験はアイデンティティだけが原因ではないとわからせること、重要な能力はこれからでも学習できると示すこと、そして子どもを主役に据えた教え方をすることだ。今後は、さらに多くの効果的な戦略が明らかになるだろう。現在わかっていることだけでも、さまざまな環境にいるさまざまな人に、人生を変える影響をもたらすことができるだろう。

しかし同級生に比べて大幅に基礎学力や知識が足りない生徒を支援するために、ステレオタイプ脅威の縮小にどのくらい力を入れるべきなのか。一部の大学は、在校生と同じような学歴を持たない受験生でも、知的ポテンシャルが高ければ入学を認めることがある。こうした学生をサポートするには、ステレオタイプ脅威を縮小すれば十分なのか。

そんなことはない、というのがわたしの答えだ。基礎学力や知識の欠如を克服するためには、ステレオタイプ脅威を縮小するだけでは不十分で、学力や知識を補う機会を与えられる必要がある。長期間にわたって、優れた指導と、重要な資料に没頭する時間が必要であることが多い。だが、能力についてステレオタイプを持たれている生徒にとって、ステレオタイプ脅威を縮小することは、学力や知識を身につけるのと同じくらい重要なことも、また事実だ。それだけでは不十分かもしれないが、不可欠ではある。つまり、どんなに優れた教育が、どれだけたっぷりあっても、ステレオタイプ脅威を抑えなければ、基礎学力や知識の不足がもたらす成績不振を縮小することはできない。なぜならステレオタイプ脅威は、どんな場合でも、学生の注意力や精神力を真っ先に消費するからだ。したがって、優れた教育の機会を与えることと、ステレオタイプ脅威を縮小することの、どちらか一方だけでは成績を十分改善することはできない。どちらも必要なのだ。

とはいえ、この介入研究は深遠な教訓をもたらした。たとえある集団の成績不振が、変更することが難しい背景要因（恵まれない社会経済環境や、良質な学校へのアクセスがないこと、親のサポートの欠如、重要なスキルや文化資本を得るための社会的ネットワークの欠如、歴史に根ざした性的役割の社会化など）に根ざしていたとしても、成績不振を引き起こす直接的な原因であるステレオタイプ脅威を治癒すると、事態を劇的に改善することができるということだ。心不全と同じだ。心不全も遺伝や食生活、運動不足、喫煙の習慣、ストレスなど、容易に変えられない要因によって起きる。しかし実際に心不全を起こすリスクは、投薬や手術によって大幅に低下させることができる。背景要因に一切手は加えず、ただ最も直接的な原因である冠動脈の閉塞を防ぐのだ。わたしがオハイオ州立大の大学院に入ったばかりの頃の苦悩も、周囲のみんなと異なる人種的・社会階級的出自や、マイノリティ学生のクリティカルマスの欠如など、容易には変えられない背景事実に由来していて、自分ではどうすることもできないように思えた。それがメンター（しかも白人メンター）との信頼関係によって変わるとは思えなかった。わたしを苦しめていた問題の根本原因は是正されないからだ。

だが、その信頼関係は、わたしの苦悩そのものを縮小してくれた。[8]

本章で紹介した研究は、ステレオタイプ脅威を縮小する戦略を二つ提示している。第一に、ステレオタイプ脅威は、環境に存在するサインによって引き起こされるから、こうしたサインをできるだけ取り除くこと。その環境に、ネガティブなステレオタイプを想起させるサインがないか目を光らせ、見つけたらそれを変える。たとえば、わたしが訪問したシリコンバレーのスタートアップは、四〇歳以上のスタッフ数人のために、二五歳以下向けのインディーロックとヒップホップ以外の曲をBGMに加えることができるだろう。大学のマイノリティ学生のために、コアカリキュラム（全学生の基礎をなすとみなされるカリキュラム）に、アメリカ社会における複数の集団の歴史と視点を

8　この発見は、学校は予想以上に学力格差を縮小できるという希望を正当化するものだ。これまで述べてきたように、これは普遍的に共有されている見解ではない。ジェームズ・ヘックマンのチームは、次のように指摘している。「コールマン報告も最近の研究も……学力格差の最大の原因は学校ではなく家庭だとしている。小学校三年生までに、社会経済的集団間のテスト成績の差は固定的となり、学齢が高くなってからの学校教育や教育の質の改変は、小学校入学時の差を縮小することも拡大することもほとんどない」。もちろん、こうした指摘は正しいかもしれない。

しかし、もしかすると全面的に正しいわけではないかもしれない。ヘックマンの見解の根底をなす分析は合理的だ。生徒一人当たりの予算や、一学級の生徒数、教員の学歴など、学校の質と典型的に関連づけられる要因を取り上げ、こうした要因における

社会階級や人種間の相違（中流の子どもはクラスの規模がより小さい学校に行くなど）が、学校での成績やテストの点数における格差の原因となっているかどうかを調べる。「原因となっていない」ことがわかれば（たとえば、テストの点数における人種格差が、学級規模が小さく、教員の質が高く、予算が多い学校の黒人生徒にも見られれば）、学校の質における人種格差は、テスト成績における人種格差の原因となっていないと結論づけられる。そして何か他の原因があるはずだと考える。すでに入学時の学力に差があることがわかり、学校教育が基礎学力に影響を与える前、つまり就学前の子育てにおける集団間の相違に原因があるはずだと考える。だから、子どもの学力により重要な影響を与えるのは、学校教育の質ではなく家庭環境だという結論にいたる。

合理的だ。しかし問題がある。学校教育において学力格差に寄与する要因が、研究者たちの思いいたらぬもので、測定されていなかったらどうだろう。学力格差に寄与しない要因を測定しているから見えないだけなのに、学校教育の質は重要でないという間違った結論を下すことにならないだろうか。もしかしたら別の要因が、非常に大きな形で学校教育の質に影響を与えている可能性がある。

介入研究は、学校教育の質に影響を与える別の側面とは、学校の風土、教え方、あるいは信頼できるナラティブを構築する人間関係かもしれないことを示唆している。これらの研究は、能力についてステレオタイプを持たれている生徒の脅威が治まると、その成績が改善すること、そして好成績がステレオタイプ脅威のさらなる低下につながり、成績がさらに改善するという好連鎖が生まれて、最終的に他の生徒との成績格差が縮小する可能性があることを示している。ステレオタイプ脅威が、学校教育の質の一側面だというのはそのためだ。能力に関するステレオタイプを持たれた生徒も、質の高い教員とリソースから恩恵を得る必要がある。

扱う科目を含めてもいいだろう。

第二に、ある環境におけるアイデンティティ付随条件を変える努力を尽くしたら、ステレオタイプ脅威にさらされている人が安全を感じられるよう支援することだ。介入研究は、そのための非常に興味深い方法を示している。それを以下に紹介したい。

10

介入研究は、ステレオタイプ脅威または主観的な脅威の感覚を縮小することによって、現実に学業成績は改善されるかどうかを調べるために行われた。しかし研究結果が蓄積するにつれて、グレッグ・ウォルトンとスティーブン・スペンサーは、これらの研究が、他にも二つの疑問を調べるために使えることに気がついた。まず、ステレオタイプ脅威は、ステレオタイプの対象となる学生の成績不振の最大の原因なのかという疑問。[9]もう一つは、潜在的な学力を測定する伝統的な方法（SATなど）は、少なくとも一定の状況では、ステレオタイプの対象となる学生の潜在能力を過小評価しているのではないかという疑問だ。この問いは、本書の研究の原点、すなわちマイノリティ学生の成績不振の謎に立ち返るものだ。グレッグとスティーブンは、ステレオタイプ脅威が標準テストの成績と、それが予測するはずの大学での学業成績に影響を与える仕組みについての次の二つのシナリオのどちらが正しいかを判断することで、これらの問いに答えられると考えた。

どちらのシナリオも構成要素は同じだ。あなたが黒人高校生で、大学に出願するとしよう。SATを受け、最高とは言えないが、まあまあの点数を取ったし、他のアピールポイントもあったから名門大学に入ることができた。ところが大学の成績は、やはりいまひとつだった。むしろSATから予測されるよりも低かった。つまりSATの点数が同程度の他の学生よりも悪かった。言い換えると、あなたは大学で実力以下の成績を取った。これらの出来事は同じだが、二つのシナリオでは原因の解釈が異なる。

一つめのシナリオでは、ステレオタイプ脅威はSATにも大学の成績にもさほど影響を与えないとみなす。SATの結果は、あらゆるアイデンティティの人の潜在能力を評価する有効な方法だ。個人および集団の点数差は、その個人と集団の基礎学力と知識の差を反映しているはずだ。したがって、ある集団の大学における成績不振は、その構成員のモチベーションの低さなどが原因とみなされる。

二つめのシナリオでは、ステレオタイプ脅威がSATと大学の成績の両方に影響を与えたとみなす。したがってSATの結果は、受験生の真の実力を過小評価している。SATの結果がいまいち

9　成績不振は、集団間の成績格差のなかでも、基礎学力や知識の差に起因するのではなく、うまく説明できない何かに起因する部分であることを思い出してほしい。

だったのは、出題内容に偏りがあるせいではなく、ステレオタイプ脅威があなたの邪魔をしたせいだ。大学では、ステレオタイプ脅威が大きくなり、あなたの成績は、過小評価されたSATの結果から予測されるよりもさらに一段と低下する。

正しいのはどちらのシナリオか。

第一のシナリオは、黒人学生の成績不振という事実に注目している。もしSATが、ステレオタイプ脅威のために学生の真の実力を過小評価しているなら、大学の授業課題では本来の高い実力を発揮できるはずだ。つまり大学での成績は、SATで同点数を取ったステレオタイプ脅威の影響を受けなかった学生よりも高くなるはずだ。ところが、現実はそうはなっていない。これまで示してきたように、一般に黒人学生の成績は、大学入学時のSATが同レベルの、ステレオタイプの脅威を受けていない学生よりも低い。したがって、第一のシナリオは、先行テスト（この場合SAT）は、学生の実力を過小評価していないと考える。むしろ過大評価しているくらいだ。その学生は、SATから予測されるレベルの成績を大学で取っていないのだから。

グレッグとスティーブンは、どちらのシナリオが正しいかについて、実証研究ができると気がついた。少なくとも、ステレオタイプ脅威を縮小するように設計された介入プログラムに参加した学生については可能なはずだ。必要なのは、SATの点数と大学での成績だけだ。

ステレオタイプの対象となる学生が、その後の介入プログラムで、ステレオタイプの対象となっていない学生よりも高い成績を取ったら、第二のシナリオが正しいことになる。たとえば、大学でステレオタイプ脅威を緩和したことにより、ステレオタイプの対象となっている学生が、一般の学生を上回る「期待以上の成績」を取ったなら、この種の学生が典型的な大学で見せる成績不振は、その環境におけるステレオタイプ脅威の影響である可能性が高い。それはまた、SATなどの先行テストが、彼らの実力を過小評価していたことを示唆している。なぜなら大学で、ステレオタイプ脅威が縮小されると、SATから予測されるより高い成績（SATの結果が同レベルで、ステレオタイプの対象とならない学生よりも高い成績）を取ることになるからだ。

しかし、ステレオタイプの対象となる学生が、ステレオタイプ脅威が縮小された環境でも、ステレオタイプの対象とならない学生よりも低い成績を取り続けたなら、ステレオタイプ脅威はSATにも成績にもまったく影響を与えていないことになる。つまり第一のシナリオが正しかったことになる。

グレッグとスティーブンは、対象者の先行テストまたは先行成績（のちの学業成績を予測するテスト以外の尺度）と、介入措置後の大学の成績を入手できる介入研究を集めた。グレッグとジェフのノースイースタン大学での研究、ジェフとフリオとバレリーのチームが初等・中等教育学校で行った研究、そしてわたしのチームがミシガン大学で行った研究だ。

結果は明白だった。第二のシナリオの勝利だ。これらの介入で、ステレオタイプの対象となる学生は、大学で、先行テストまたは先行成績で同レベルの成績だった学生よりも一貫して高い成績を取った。彼らは成績不振とならなかったどころか、「期待以上の成績」を取った。

科学の世界では、慎重さが重要だ。ステレオタイプの対象である学生たちがこれほどよい成績を取るのだから、これらの介入措置には、ステレオタイプ脅威を縮小する以外の作用もあったのかもしれない。ただしそれが何なのか、わたしには思い当たらなかった。彼らの成績のパターンをすべて説明できるような要因は今後の研究で明らかになることもあるかもしれない。

だがグレッグとスティーブンの発見にはとりわけ印象的なことがいくつかあった。まず、極めて些細な介入措置でも、非常に大きなインパクトがあった。少なくともこれらの被験者の間では、ステレオタイプ脅威を縮小するためのちょっとした試みによって、マイノリティ学生の成績不振は完全に一掃された。それは、彼らの成績不振がステレオタイプ脅威によって引き起こされているという強力な証拠だった。また、のちの成績を予測する先行テストの成績（大学レベルではSAT、ジェフとフリオ、バレリーの中学校実験では前年の成績など）自体にバイアスがかかっていることも示唆された。つまり、こうした先行テストでは、ステレオタイプの対象となる学生の成績が押し下げられ、彼らの実力（のちにステレオタイプ脅威を縮小した環境で発揮される能力）が過小評価されている。[10] また、これらが一時的な現象ではないこともわかった。グレッグとスティーブンが分析対象とした学生の年齢は幅広く（初等・中等教育から大学まで）、ステレオタイプ脅威を縮小するため使われた戦略も多様で、対象者は全体で数百人にのぼる。つまり、アイデンティティ付随条件としてのステレオタイプ脅威が、能力についてステレオタイプを持たれた集団全体の知的発達に与える、経時的な蓄積効果を示している。そしてどのような対策を講じるべきかもわかった。能力に関するステレオタイプの対象となっている学生が、いわば重荷なしで学業に取り組み、実力を発揮できるように環境を調整することは、現実的に可能であることが示されたのだ。

ここまでの旅は長かった。終わりはまだずっと先だが、研究は一つの節目に達した。圧倒的な証拠により、特定の集団に対する成績差別が原因でない限り、成績不振はステレオタイプ脅威がパフォーマンスを邪魔する影響によって生じていることがわかった。また、次のレベルの学校教育で学生が発揮する能力を予測するテストは、一定の実施条件下では、ステレオタイプの対象となる学生の実力を過小評価する傾向があることもわかった。しかしその影響を見極めることは難しい。なぜなら、その学生が次のレベルの学校教育で示す成績も（今度は学校教育の環境に存在する）ステレオタイプ脅威により、押し下げられるからだ。このような脅威が、マイノリティ学生の成績不振のように明確に観察されるという事実は、それらが雑草のように広く一般的に存在することを意味する。

だが、研究によって希望ももたらされた。ステレオタイプを持たれている若者の成績不振を解決したいなら、そして彼らが学び、社会で成功するための門戸を開きたいなら、わたしたちは彼らに学力や知識を身につけさせるだけでなく、学校や教室、職場、体育館で、ステレオタイプ脅威を縮小することに力を入れる必要があるとわかったのだ。つまり、アイデンティティをさほど「不都合」でないものにすることに力を入れるべきだ、と。この章で紹介した初期の介入研究は、その方向性を示すよい始まりだった。

だが、そのためには、大学や小中学校など、教育機関レベルではなく、社会全体におけるステレオタイプ脅威を把握し、克服する努力が必要だ。次章では、社会（とりわけアメリカ社会）におけるステレオタイプ脅威を検討する。

10 SATやGREのテストを作成する教育試験サービス（ETS）は、ステレオタイプ脅威が標準テストの成績に与える影響を評価しようとしてきた。その一環として、ETSはAPの微積分の試験前または試験後に、受験生に人種と性別を申告してもらっている。ということは、試験前にステレオタイプと関連するアイデンティティを申告した学生は、試験後に申告する学生よりも大きなステレオタイプ脅威にさらされて、試験結果にも影響が出ると思うかもしれない。実際、この研究で、APの試験前に性別を記載した女子学生は、試験後に性別を記載した女子学生よりも大幅に成績が悪かった。しかしETSのチームは、この効果に「心理学的な有意性」は認められないとの見解を示した。これに対して、カンザス大学の心理学者ケリー・ダナハーとクリス・クランデルはデータをあらためて分析して反論した。この研究における影響の大きさに基づくと、APの試験後に性別が申告されていれば、微積分の単位を取得して大学に入学できた女子学生は、年間二八三七人（一万七〇〇〇人中）多かったはずであり、大学に合格する確率も高くなっていたはずだというのだ。黒人学生の場合、統計学上有意なレベルには達しなかったが、女子学生と同じような傾向が見られた。

しかし、方法論上の大きな問題により、こうした結果を適切に解釈するのは難しい。AP試験のように人生に大きな影響を持つ標準テストでは、ステレオタイプの対象となる学生の成績と比較する基準値を提供してくれる集団（つまりステレオタイプ脅威にさらされない学生）を見つけることができない（ステレオタイプ脅威に関する研究で難しいのは、能力についてステレオタイプを持たれている学生がステレオタイプ脅威を感じる仕組みを作ることではなく、このような学生がそのステレオタイプと関連するテストで、ステレオタイプ脅威を感じないようにするテクニックを考案することだ。実際の受験生がテストをどう解釈するかは管理できないから、現実の設定でこれを調べるのはほぼ不可能だ）。AP試験の重要性を考えると、ステレオタイプと関係するアイデンティティを試験前と試験後のどちらに申告しようと、ステレオタイプの対象となる受験生全員が、このテストにかなりのステレオタイプ脅威を経験する可能性が高い。だとすれば、この実験は、十中八九、どちらも（おそらく大量の）ステレオタイプ脅威を感じた集団同士を比較するのであり、ステレオタイプ自体が試験結果にどれほど影響を与えるか見極めることはできない。

グレッグとスティーブンが考案した戦略が非常に重要なのはこのためだ。この戦略はステレオタイプ脅威が本物のテストに与える影響について、これまでで最も分析可能な証拠を提供するとともに、これらのテストが、能力についてステレオタイプを持たれている学生の学力を一貫して過小評価していることを明らかにした。それはステレオタイプ脅威が先行テストの点数も入学後の成績も押し下げるために、これまで見えなかった事実だ。

10章 わたしたちを分断するもの

サウスウエスト航空のファーストクラス

1

法学者のシェリル・キャシンは、啓発的な著書『The Failures of Integration』（未邦訳）で、サウスウエスト航空を利用するとき、夫（夫婦ともアフリカ系アメリカ人だ）と交わすジョークを明かしている。サウスウエスト航空は事前の座席指定ができず、搭乗客が先着順で座席を選ぶ仕組みになっている。キャシンと夫は、チェックインが遅れると、彼らが呼ぶところの「サウスウエスト航空ファーストクラス」に座れるだろうかと期待を抱くのだという。若い黒人男性が列の先頭にいて、機内の最前列付近の席（目的地で早く降りることができる）を取ってくれていたら最高だ。「その黒人客の隣の席は、十中八九空いている。たとえそれが最前列でも、『お好きな席をどうぞ』と言わんばかりに、その列には誰も座っていない。わたしは、他の乗客が居心地の悪い席を取ってくれたことに感謝して、また、彼らが自らの社会的制約のために、お得なチャンスをみすみす逃すことに驚きながら、この快適な席に喜んで座らせてもらう。黒人のブラザーに微笑みかけて、その隣にどっかり腰を下ろすのだ」。

何が「サウスウエスト航空のファーストクラス」を生み出すのか。一〇〇％白人客の人種的偏見、つまり黒人客の近くに座ることを回避しようという思いのせいなのか。それとも本書の中心的テーマであるアイデンティティがもたらす苦境（「アフリカ系アメリカ人の政治学」の授業でテッドの思考を麻痺させた苦境）が一因なのか。

ステレオタイプの脅威に基づく説明では、原因は白人客の偏見とは限らない。必要なのは、白人客がテッドと同じような不安を抱いているという推定だけだ。黒人客と交流したとき、人種差別主義者のようなこと、あるいは人種差別主義者だと思われてしまうことを言ってしまう、やってしまう、あるいは考えてしまうのではないかという不安だ。この説明は、不安を抱く人の視点を取る。たとえば、数学の試験を受ける女子学生やマイノリティ学生、あるいは「サウスウエスト航空のファーストクラス」の場合は、黒人客の隣の席をみすみす見送る白人客の視点だ。この白人客のほとんどは、現代の社会的な規範に基づき、人種差別主義者と見られることがないように努力している。しかし皮肉にもこの努力が、黒人客の隣に座る状況を回避する方向に働く可能性がある。あるいは、前章で提起された問題に鑑みるとより重要なことに、マイノリティが大多数を占める学校の教員になることを回避したり、マイノリティの学生のメンターとなることを避けたりする傾向につながるかもしれない。こうしたアイデンティティのプレッシャーゆえに、人々は前章で説明したような介入戦略、ましてやそれを現実の環境に応用することに関心を失い、社会の分断を持続させる恐れがある。

この考え方は、「サウスウエスト航空のファーストクラス」の原因を説明するとともに、別の経験に基づく問いを浮上させる。わたしの研究室に新たに加わった優秀でエネルギッシュな大学院生フィリップ・ゴフは、この問いを長年胸に抱いていて、わたしをその方向に動かした。その問いとは、ステレオタイプ脅威は、人の能力発揮を妨げるだけでなく、社会のさまざまな集団間に緊張をもたらす共通の原因になっているのか。それはアメリカを分断しうる緊張となっているのか、だ。

とはいえ、アメリカは今も引き裂かれつつあるのか。伝統的にアメリカ社会のさまざまな集団を分断してきた要因を考えると、その多くは、昔ほど強力ではなくなったように見える。たとえば異なる人種に対する態度は、第二次世界大戦後、一貫してオープンになってきた。また、スポーツからエンターテインメント、企業経営者、そしてもちろん大統領職まで事実上あらゆる領域で、より多様なアイデンティティの人々の参加が実現してきた。メディアに投影されるアメリカは、うらやましいほど多様性がある。それなのに、アメリカ社会は依然として引き裂かれつつあるのか。この問いについて明確な証拠を探していると、集団間に調和が存在するというイメージがほころび始め、大きな割れ目さえ見つかり始めた。その割れ目は、人種の領域だけにあるわけではなかった。

ニューヨーク・タイムズ紙のコラムニスト、デービッド・ブルックスは著書『On Paradise Drive』（未邦訳）で、大きなトレンドに注意を喚起している。すなわちアメリカ人は、人種よりもはるかに重要性の低い要因に基づき、極めて似通った人々からなる小さな集団にますます分断されつつあるというのだ。多くの場合、それはライフスタイルや政治的嗜好を反映している。ブルックスは読者を、都市部の貧困地区からスタートして、それを取り囲む低所得層の住宅街、高所得専門職の住宅街、移民の居住地区、そして準郊外（エクサーブ）と農村部にいたるドライブに誘う。ブルックスはこれらのコミュニティを、孤立した「文化圏」だと言う。そこにいる人たちは、たとえ地理的に隣接していても他の文化圏の人のことをよく知らない。

人間は、驚くほど些細な社会的な区別をして、それを中心に生活を構築することができる。ワシントンDC近郊では、民主党の弁護士はメリーランド州の郊外に住む傾向があり、共和党の弁護士はバージニア州の郊外に住む傾向がある。もし民主党の弁護士に、メリーランド州ベテスダにある七五万ドルの家（二〇〇三年秋の価格）から、バージニア州グレートフォールズの七五万ドルの家に引っ越してくれと頼んだら、その弁護士はまるで銃架の着いたピックアップトラックを買うようすすめられ、子どもの口に噛みタバコを突っ込まれたかのような目であなたを見るだろう。マンハッタンでは、ソーホーの三〇〇万ドルのロフトに住む人は、五番街の三〇〇万ドルのアパートは場違いな気がして引っ越したがらないだろう。

さらにブルックスは、アメリカ人は他の国の人々と比べて、よく引っ越しをすると指摘する。一つのコミュニティから脱出して、遠くのコミュニティに加わることがよくあるというのだ。それは自分に合った文化圏を探して移住するプロセスであり、結果的にこうした文化圏の一体性を高め、異なる文化圏との距離は広がる。その意味では、現代のアメリカは分離主義の国だ。

この分離が人種を伴う場合がある。

ときどきわたしは、アメリカ人は公民権運動の重要性をあまり理解していないのではないかと思うことがある。公民権運動とは、ほぼあらゆる領域における、人種的に統合された社会という理想への公的・法的コミットメントだった。その価値をこれほど明示的に肯定する社会を、わたしは知らない。それは一九五四年に合衆国最高裁が下したブラウン判決〔黒人と白人の学生を分離した公立学校の設立は、平等な教育の機会を否定しているとした判決〕の大きな功績だ。しかしブラウン判決から二年もしないうちに、もっと緩い遵守基準を学区に認める最高裁判決が下された。すなわち人種統合を直ちに命じるのではなくじっくりと進めることが認められたのだ。一九七四年には、デトロイト首都圏全体で都市部と郊外の学校の人種統合を進める計画が退けられた。これによりマイノリティ住民が大多数を占める市街地と、その周囲に位置する白人住民が大多数を占める郊外では、人種統合が事実上不可能になった。一九五四年の判決以降、人種統合のために遠方の学校へバス通学する取り組みに対する抗議と裁判も続いた。

ハーバード大学の公民権プロジェクトは最近、アメリカの学校では人種隔離が再び進行していることを報告している。学齢期の子どもが二万五〇〇〇人以上いる全米一八五の学区の大多数で、一九八六年よりも二〇〇〇年のほうが人種的分断が大きいというのだ。それが著しく顕著な地区もある。たとえばミネソタ州最大の都市ミネアポリスでは、人種統合計画が廃止された結果、二〇〇〇年に平均的な黒人生徒が通う学校の白人生徒数は、一九八六年よりも三三％も減っていた。人種隔離廃止計画がなければ、学校の人種構成は、その学区と同じくらい分断されるだろう。そして地域の人種的分断は根強く続く。これは特に白人に言えることだ。二〇〇〇年の国勢調査によると、平均的白人が住む地区は、住民の八〇％が白人で、黒人は七％に過ぎない。一方、平均的黒人が住む地区は、人口の三三％が白人で、五一％が黒人だ。この傾向は郊外も都市部も変わらない。アメリカのほとんどの都市を構築し直して、人種的な意味合いを取り去るには、黒人の八五％を移住させなくてはならない。歴史がしつこくわたしたちにつきまとっているのだ。

こうしたデータを見て、フィルとわたしは、背景状況に関する疑問は解決されたと感じた。人種や宗教や文化の違いに基づく分断は、アメリカの暮らしの大きな特徴であり続けている。人種隔離しかり、テレビが描くアメリカ社会のイメージや大統領選挙しかり。

「だから何？」と思う読者もいるかもしれない。なぜアメリカの人種や宗教や文化による分断傾向を心配すべきなのか。ここは自由の国だ。集団のアイデンティティに基づく分断が実害を及ぼさないなら、好きにすればいいではないか。

この点に関連して、経済学者のグレン・ローリーは著書『The Anatomy of Racial Inequality』（未邦訳）で、興味深いことを指摘している。集団による分離を問題だと思うかどうかは、人間の性質に関する考え方に大きく左右されるというのだ。たとえば、「人間はおおむね独立したアクターであり、万人におおむね平等に手の届くチャンスについて自由な選択をする」と考える人にとって、集団による分断は大きな問題ではないはずだ。どのようなチャンスを手にするかは、本人の選択や決断、才能によって決まるのであり、集団による分断など気にかける必要はない。そのような人は、国際性はやや低いかもしれないが、それは社会がどれだけ公平かには関係がないはずだ。

これに対して、人は独立した選択をできるが、社会に一定の居場所があるという考え方もある。とりわけ、社会科学の分野では有力な考え方だ。すなわち、人間の生活は社会的、経済的、文化的構造の中に存在するのであり、社会を構成する人間関係のネットワークの中にある。したがってケンタッキー州東部のアパラチア山脈近くに住む低所得家庭に生まれるのと、シカゴ北部郊外の高所得家庭に生まれるのとでは、社会でのチャンス構造が異なる。場所が異なると、手に入るリソースが異なってくるし、スキル、知識、機会、そして人生のチャンスといった「社会関係資本」へのアクセスも異なってくる。社会階級や人種、宗教といった特徴に基づき集団化または分離されると、手に入るリソースや社会関係資本が影響を受ける。ローリーは、「機会は、このような社会的ネットワークというシナプスに沿って移動する」と指摘している。この見解を裏付ける証拠は多い。

たとえば、社会学者のマーク・グラノベッターは一九七〇年代初め、マサチューセッツ州ニュートンで専門職に就く数百人に、どうやって就職先を見つけたか質問したところ、五六％が友達の紹介だと答えた。求人広告に応募した人は一九％、現在の雇用主に直接応募して仕事を得た人は二〇％しかいなかった。社会学者のナンシー・ディトマソは最近、この調査をより大規模に実施した。ニュージャージー州とオハイオ州、テネシー州の二五～五五歳の二四六人に、それまでに就いたすべての仕事について、「知人からその仕事のことを聞いたのか」、「誰かが口添えをしてくれたか」、「採用してくれた人を知っていたか」を聞いた。平均的な仕事の場合、これらの「社会関係資本」のいずれかの恩恵を受けたと答えた人は六〇～九〇％にのぼった。その対象範囲を、これまで就いた仕事のいずれかに広げると、こうした社会関係資本の恩恵を受けた人は九八％に達した。ところが回答者は、その恩恵におおむね気づいていなかった。「多くの回答者は、（就職にあたり）誰の手伝いも受けていないと答えた。たとえば、ニュージャージー州のある労働者階級の男性は、父親を通じて組合に加入し、友達の助けを得てより安定した仕事に就いたのに、『実力でその仕事を得たのかって？　もちろんだ。そのために努力した。間違いない。誰も何もしてくれなかった』と答えた」。人は自分の幸運を説明するとき、自分の努力ばかり思い出し、社会的ネットワーク上の利点は忘れがちなのかもしれない。

もちろん、すべてのネットワークが平等に作られているわけではない。所得水準の高い場所やネットワークにいる人のほうが、そうではない人たちよりも良質な学校教育、雇用、医療にアクセスしやすいと聞いても、誰も驚かないだろう。先ほど例に挙げた、ケンタッキー東部のアパラチア山脈のふもとの低所得家庭に生まれた人と、シカゴ郊外の高所得家庭に生まれた人を考えてみてほしい。あるいは、アナトール・ブロヤードが黒人だったときと、白人になってからを比べてみてほしい。彼らの場所に付随する違いの一つに、ネットワークがある。それぞれのネットワークがもたらす機会も、社会での成功に不可欠なスキルと知識へのアクセスも、そして適切な立場にある人へのアクセスも異なる。一見したところ、よくある交友関係の選択に思えるものが、大きな影響力を持ちうる。誰が有利なネットワークにアクセスすることができ、誰がそうしたアクセスを持たないかに影響を与えるのだ。

ローリーはこの考察に基づき、驚くべき主張を展開した。すなわち、現代のアメリカで、人種間格差のより大きな原因となっているのは、黒人に対する直接的な差別よりも、日常的な交友関係の選択ではないか、というのだ。なぜならこうした選択が、人種的に組織されたネットワークや場所(つまり人種別の居住地域、学校教育、友達ネットワークなど)に影響を与えるからだ。だからといってローリーは、人種差別がなくなったと言っているわけではない。ただ、黒人の選択が、彼らをよりよい結果に導くネットワークや場所から組織的に遠ざけていることを強調している。

ローリーは、その例をいくつか示している。

一九九〇年の二五~三四歳の既婚者のうち、アングロサクソン系白人の夫を持つアジア系女性は約七〇%、ヒスパニック系女性は三九%だったのに対し、黒人女性はわずか二%だった。……信徒の人種が多様な教会は一面ニュースになるほど珍しい。黒人ゲットーに住むティーンエイジャーは文化的に非常に孤立しており、その話し方は、地理的には大きく離れていてもゲットー間で収斂性があることが、研究によりわかってきた。この新しい方言は、わずか数キロ先に住む貧しい白人の話し方とは異なるものになっていく。よく、子どものいない白人カップルは、コロンビアや中国から養子を迎えようとするが、ゲットーで生まれた孤児は、いつまでたっても養親が見つからない。

この現象をさらに説明する例として、わたしは第二章で紹介した調査の結果を思い出さずにいられない。一九九〇年代初めのミシガン大学のキャンパスで、平均的な黒人学生に最も親しい友達六人を挙げてほしいと頼んだところ、白人は六人中〇・六人（一人以下）だったというものだ。白人学生が挙げた黒人の友人数はもっと少なかった。アメリカ人の交友関係は、明らかに人種的な構造を持つのだ（第四章で話した「最小限の集団パラダイム」の研究を思い出してほしい。すべての集団には、交友関係の選択からなるサブグループがある。さほどパワフルでも特権的でもない集団もあれば、パワフルで特権的なグループもある。このためより有力なグループに加わるために、現在の集団外の人との交友関係を持つ必要があるとき、つまり特権的な立場にない人たちが特権的な立場にある人たちと人間関係を構築しなければならないとき、集団内の交友関係の選択が邪魔になる場合がある。とはいえ、ほぼ例外なく、ある有利なネットワークに誰が入れるか決めるときは、既存のメンバーの選択がより大きな役割を果たす）。

フィルとわたしはこの資料を整理しているとき、集団内の交友関係の選択を決めるのは、その集団に関する偏見だけではないのではないかという思いを強くした。アメリカ人を分断し続ける原因として、ステレオタイプ脅威が予想以上に大きな役割を果たしているのではないかと考えたのだ（「サウスウエスト航空のファーストクラス」がいい例だ）。

非常に快適な人種間関係が存在することも、わたしたちはよく知っている。研究室の窓から外を見ると、大学のキャンパスをさまざまな学生グループが行き交っているのが見える。複数の人種が混ざっていて、気軽に交流しているグループも多い。ひょっとすると、その違いをもたらしているのは会話のトピックなのかもしれない。大学のバスケットボール部の成績など、白人学生が人種差別主義者というステレオタイプを追認する恐れを抱かなくていいトピックはたくさんある。その一方で、街で黒人学生を呼び止めるときの警察官の役割や、マイノリティの小学生の指導に失敗した経験など、さほど安心感をもたらしてくれないトピックもある。ステレオタイプ脅威はそこに入り込んできて、その交流に緊張をもたらす。

2

だが、こうした人種をまたいだ交流にステレオタイプ脅威が与える影響をどのように調べればいいのか。たとえば、あなたが白人で、歯科医院の待合室に一人で座っているとする。そこに黒人の患者が二人来て、あなたの近くの席に座る。そこで彼らと会話が始まる。まず歯の痛みに共感しあうおしゃべり。やがてどういうわけか話題は政治に移り、人種プロファイリング〔警察などが人種的外観に基づき職務質問など取り調べを行うこと〕の話になった。黒人には、非常に身近な大問題で、あなたの会話の相手は、自身も経験者だと思っている。そこであなたの名前が呼ばれ、あなたは診察室に入る。ところが歯科医は別の患者の処置を先に終わらせると言うので、仕方なくあなたは再び待合室に戻る。さっきまで座っていた席は取られていて、空いている席は二つ。さっきの会話相手の隣か、彼らからかなり離れた席だ。

二人の隣に座れば、人種が絡む熱い討論に加わることになり、白人としておかしなことを口走ってしまうのでは、というステレオタイプ脅威にさらされる。この種の脅威が交友関係に影響を与えるなら、あなたはこのリスキーな会話から離れた席を選ぶだろう。だが、もしステレオタイプ脅威が交友関係にほとんど影響を与えないなら、あなたは二人の隣に座って、おしゃべりを続けるかもしれない。

あなたはどちらの席を選ぶだろう。

このような状況は、ステレオタイプ脅威が、交友関係に影響を与えるかどうかのサインになる。座る場所というシンプルな選択が、その人の心理を物語るのだ。フィルとわたしは、このシチュエーションを人為的に作る方法を話し合った。そして最終的に以下のやり方で落ち着いた。

スタンフォードの白人男子学生を一人ずつ呼んで、社会コミュニケーション研究の一環だとして、現在、別室でアンケートに答えている二人の学生と会話をしてもらいたいと頼む。そして被験者のポラロイド写真を撮り、これから会う二人の写真の真ん中に置く。それを見た白人学生は、会話相手が二人とも黒人であることを知る。その上で、被験者の半分は、会話のトピックが「愛と男女関係」だと知らされる。残りの半分は、「人種プロファイリング」という、より緊張感をもたらすトピックであることを知らされる。

愛と男女関係は、異なる人種が会話相手でも、男子学生がリラックスして話をできるトピックであることが事前調査でわかっている。この話なら、自分に人種的偏見があるとみなされる脅威はほとんど感じないようだ。他方、人種プロファイリングは、学生たちが異なる人種と話すことに極めて居心地の悪さを感じるトピックであることが、事前調査でわかっていた。黒人学生とこの話をすることになった白人学生は、歯科医院の例のようにステレオタイプ脅威の下に置かれる。それは相手との関わり方に影響を与えるほど大きな脅威なのか。

そこで実験担当者は、「別室にいる二人を迎えに行ってくるから、その間にイスを並べておいてくれ」と言って、部屋の隅に乱雑に置かれている三脚のイスを指差す。「並べたら、自分の席に着いていていてください」。そして白人学生は部屋に一人残される。

わたしたちが注目していたのは、会話の内容ではなく、白人学生がそのイスをどのように並べるか、とりわけ自分のイスと黒人学生のイスの距離をどのくらい取るかだった。その距離が、交友関係の選択を示唆していると考えたのだ。黒人学生のイスを遠くに置くほど、白人学生は、これから始まる会話が居心地の悪いものになると予測していると、わたしたちは仮説を立てた。

黒人学生と人種プロファイリングについて話をすると思うだけで、白人学生がステレオタイプ脅威にさらされ、黒人学生との関わりを小さくしたいと思うなら、愛と男女関係のような他愛のないトピックについて話す場合よりも、黒人学生のイスを自分から遠くに配置するだろう。つまりサウスウエスト航空で黒人客を避ける白人客のように振る舞うはずだ。結果はそのとおりになった。愛と男女関係について話すことになると思った白人学生は、三つのイスを近づけて配置した。一方、人種プロファイリングについて話すことになると思った白人学生は、二人の黒人学生のイスをまとめて配置したが、自分のイスはそこから遠ざけて置いたのだ。

興味深い。しかし、見ず知らずの人と人種プロファイリングについて話すのは、白人同士でも気まずい経験かもしれない。だから白人学生は、会話相手から距離を置いてイスを配置したのかもしれない。この可能性をつぶすため、わたしたちは、白人学生のグループをさらに二つ作った。愛と男女関係について話すグループと、人種プロファイリングについて話すグループだが、どちらも未知の会話相手二人は白人であることを、ポラロイド写真から知らされる。白人学生が相手なら、人種プロファイリングについて話すことは、黒人学生が相手の場合ほど大きなステレオタイプ脅威を引き起こさないのではないか――。結果は明白だった。会話のトピックにかかわらず、どちらのグループの白人学生も、三つのイスを近づけて配置したのだ。つまり白人学生は、人種プロファイリングというトピックだけが理由で、未知の会話相手から距離を置こうとしたのではない。相手が黒人学生だったから、人種差別主義者という白人のステレオタイプを追認する脅威にさらされて、距離を置こうとしたのだ。

念のため、わたしたちは、白人学生がイスを並べるときに何を考えているかも調べることにした。そのために使ったのは、八〇個の虫食い単語を完成させてもらうテストだ。このうち一〇個は、白人は人種差別主義者というステレオタイプに関連する単語にすることができた（それとは無関係の単語にすることもできる）。たとえば、「rac—t」という虫食い単語は、「ラケット（racket）」にもなるし「人種差別主義者（racist）」にもなる。インクのしみが何に見えるか聞いて被験者の心理を調べるロールシャッハテストのように、この虫食い単語テストは、人間が無意識に考えていることをあぶりだす。

　結果は興味深いものだった。会話相手が白人だと知らされた白人学生、あるいは会話相手が黒人だけれど、愛と男女関係がトピックだと知らされた白人学生が作った人種差別的な単語の数と、イスの距離には、比例関係はなかった。これに対して、黒人学生と人種プロファイリングについて話すことになった白人学生は、人種差別的な単語を多く作った学生ほど、会話相手との間に距離を置いてイスを配置していた。

　つまり、人種的に微妙なトピックについて異なる人種と話をするという見通しは、「白人は人種差別主義者」というステレオタイプを、白人学生に意識させたのだ。そしてこのステレオタイプを意識している学生ほど、黒人の会話相手から距離を置こうとした。ステレオタイプを追認する懸念がそうさせたのだ。

　だが、別の説明も可能だ。「サウスウエスト航空のファーストクラス」でも検討したが、これはステレオタイプ脅威のせいなのか、それとも白人学生が本来持っていた差別意識のせいなのか。もしかすると、人種プロファイリングがトピックのとき、差別意識のある白人学生はその偏見ゆえに、会話相手から遠くに座り、偏見があると見抜かれることを最も心配したのかもしれない。

　そこでわたしたちは別の実験をした。基本的な手順は一回目と同じだが、今回は、実験の二四時間前に、被験者がどのくらい偏見を持っているかを調べた。本人が意識している偏見と、無意識のバイアスの両方だ。本人が意識している偏見は、「現代人種差別アンケート」を、無意識のバイアスは「潜在連合テスト（IAT）」を使って調べた。IATは、特定の集団（この場合黒人）に対する無意識または潜在的態度を測定するものだ。これは、二つのものの間に弱いつながりしか認識されていない場合、強いつながりが認識されている場合よりも、言葉にするのに時間がかかるという原理に基づき作られたテストだ。たとえば、ジョージ・H・W・ブッシュ元大統領と歌手マイケル・ジャクソンのつながり（同時代の有名人であるに過ぎない）は、トムとジェリーのつながりよりも、思いつくのに時間がかかる。ということは、黒人とネガティブな物事（犯罪など）のつながりが、黒人とポジティブな物事（仕事の成功など）とのつながりよりも素早く認識されるなら、もともと黒人に対してネガティブなイメージを持っているということができる。（この興味深いテストは、社会心理学者のアンソニー・グリーンワルドとマーザリン・バナージが開発したもので、www.implicit.harvard.edu. で試すことができる）。IATは、コンピューターの画面に次々に表示される画像に反応するスピードを測るから、被験者が自らを偽るのは難しい。

このテストの二四時間後に行われた実験でわかったことは、最初の実験と同じだった。つまり人種プロファイリングについて話すことになった白人の男子学生は、白人の会話相手よりも、黒人の会話相手のイスを遠ざけて置いた（この実験では会話の相手は一人だけだった）。

そして重要なのは、彼らが黒人の会話相手を遠ざけた距離は、本人が偏見を意識していようが（現代人種差別尺度で測定）、無意識であろうが（IATで測定）関係がなかったということだ。これは多くを物語る発見だ。この実験で偏見（差別意識）は、白人学生が黒人学生のイスを置く距離に、何ら影響を与えていなかったのだ。

距離に影響を与えたのは、第一の実験と同じ「白人は人種差別主義者だ」というステレオタイプを追認してしまう心配だった。人種プロファイリングについて黒人と話すことになった白人男子学生は、このステレオタイプを追認することを恐れ、その不安が大きくなるほど、会話相手を自分から遠ざけた。

白人学生が黒人の会話相手のイスを遠くに置いたのは、偏見のせいではなく、純粋かつ単純に人種差別主義者とみなされるのではないかという不安だった。それはステレオタイプ脅威、すなわちその環境における白人のアイデンティティ付随条件だった。「アフリカ系アメリカ人の政治学」の授業で、テッドにひどく居心地の悪い思いをさせたのも、サウスウエスト航空で少なくとも一部の白人乗客がシェリル・キャシンに「ファーストクラス」の席を譲ったのも、そして白人教員が成績不振のマイノリティ学生に熱心に関わるのを難しくしているのも、人種的な偏見ではなく、おそらくこの脅威なのだ。そんな厄介な状況は誰でも避けたいものだ。

だとすれば、ステレオタイプ脅威は、アメリカの歴史が日常生活に浸透した一つの形といえる。その歴史が、社会を構成する集団についてステレオタイプをもたらし、それが当てはまる環境に置かれた個人が（たとえば飛行機で黒人と白人が隣り合わせになったときや、黒人と白人の学生が交流するとき）、そのステレオタイプに基づき判断されるようになった。そのような状況に置かれた白人は、

「白人は人種問題に鈍感」というステレオタイプが自分に当てはまると思われたくない。一方、黒人の側も、「黒人は攻撃的」とか「黒人は些細なこともすぐに差別だと騒ぐ」というステレオタイプが自分に当てはまると思われたくない。長時間のフライトで（あるいはもっとよくある場面であれば、学校のカフェテリアで）、ステレオタイプがあるようにみなされるのではないかという不安と終始戦うのは、どちらにとっても願い下げだ。彼らは機内食にありつくか、クリーブランドにたどり着きたいだけなのだ。だからお互いを避けることが、最も簡単な解決策になる。

公共の場で、こうしたステレオタイプに対処するストレスは、ひょっとすると、デービッド・ブルックスが著書でいう「人種に関するアメリカの巨大な居心地の悪さ」または「人と違うこと全般に対するアメリカの巨大な居心地の悪さ」の最大の原因かもしれない。そのような居心地の悪さが、アメリカ人を、どんどん細分化される「人との違い」に基づくコミュニティに追い込んでいるのかもしれない。わたしたちは、このような居心地の悪さを回避するように居住地域、職場、そして学校を構成しようとするかもしれない。だが多様化が進むなか、また国家が機会の均等に尽力するなか、「自分と違う人を避ける」戦略は失敗に終わる可能性が高い。自分と違う人を避けることはできても、そのような人が存在することは動かしがたい事実なのだ。

これまでのところ、フィルとわたしの推論は、暗い未来を示唆している。たとえ魔法の杖を使って、社会の偏見すべてを取り去ることができたとしても、社会を分断させ続けるプレッシャーはなくならないだろう。しかも問題を忘れて先に進むアメリカ人の傾向（ブルックスによるとアメリカでは毎年人口の一六%が引っ越す）を合わせて考えると、人々を分離するエネルギーが大きく働いていると言えるだろう。

3

このかなり暗いトンネルのなかで、フィルとポール・デービス（第八章で紹介した二人）とわたしは、一条の光を探してある実験をした。その光とは、自分とは外見の異なる人たちに接しやすくしてくれるマインドセットだ。そのヒントになったのは、キャロル・ドウェック（第九章で紹介した人物）の研究だ。

白人学生は黒人学生と人種プロファイリングについて話をするときに、うかつな発言をして、改善の余地のない人種差別主義者というイメージを追認することを心配している。だからなるべく会話をしないようにするのだ、とわたしたちは考えた。それなら、その会話を学習の機会だと説明すれば、異なる人種の人々を近づけることができるはずだ。すなわち必要な基礎学力は固定的ではなく、学習可能だと説けば、一定の不安を取り除けるはずだ。

わたしたちは、基本的に同じ実験を繰り返すことにした。ただし今回は、白人学生はイスを並べるようにと部屋に取り残される直前に、一つの助言を受ける。「人種プロファイリングに関するディスカッションは、緊迫したものになるのが当然であり、誰にとっても難しいものだ。だからこの会話を学びの機会と考えるべきだ」と。つまり、この機会に、異なる見方を持つ（かもしれない）相手と議論する方法を学べ、と言い聞かせるわけだ。

この助言を受けた白人学生は、黒人の会話相手のイスを自分のイスに近づけた。それも一連の実験のどのグループよりも近くに。彼らはイスを並べる直前に何を考えていたのか。虫食い単語テストによると、「これを機に学習しろ」と言われた白人学生は、もはや人種差別主義者とみなされる心配をしなくなった。このため彼らが作った単語は、ステレオタイプ脅威下にない学生と同じくらい、ステレオタイプ関連語（人種差別を意味する単語）が少なかった。

集団間の偏見は、依然として世界中で、集団による隔離を引き起こしており、異なる集団の人との交流を学習の機会と考えろと教えるだけでは、こうした偏見のすべてを治癒することはできないだろう。この問題に確実な特効薬は存在しない。

それでも、わたしたちの発見は希望を与えてくれる。人々を分離し、お互いに居心地を悪くし、飛行機で旅客が隣同士に座るのを妨げ、白人学生にマイノリティ学生が多い授業を履修するのをためらわせているのが、あるいは教員たちが一部のマイノリティ学生にアプローチするのを思いとどまらせているのがステレオタイプ脅威であるなら、「学習の機会とする」という考え方は助けになるかもしれない。学習することが目標であるなら、不適切な発言は失言ではなくなり、人種差別意識がある証拠ではなくなる。

「学習の機会にする」というキャロルのアイデアを知る前は、わたしたちは難しい会話をすることになると思っている白人学生に、自分と会話相手のイスを近づけて置かせる方法を探していくつかの興味深い失敗をしていた。発言内容で人格を判断されることはないとか、反論を恐れず本心を自由に話していいのだとか、安心させようとしたが、どれもうまくいかなかった。白人学生は依然として、黒人から遠くにイスを置いたのだ。見解が食い違うのは価値があることであり、この会話では幅広い視点が評価されると言い聞かせる方法も効果はなかった。わたしたちが何も言わないときよりも、その距離が一段と広くなることもあった。

発言内容で人格を判断されることはないと安心させようとすればするほど、白人学生たちは警戒を強めた。心理学の実験や多様性のワークショップでは、参加者が自分の発言を評価されることを感じ取り、被害妄想を抱くのはまったく不合理とは言い切れない。異なる人種がいる状況（たとえば黒人の同僚と人種プロファイリングについて議論すること）や自分たちのグループについてネガティブなステレオタイプが該当する状況で、ただ「安心しろ」と言って白人が感じるステレオタイプ脅威を取り除くのは難しい。

被験者を安心させる行為が、教室、職場、または多様性ワークショップで効果を発揮するようにするためには（つまり、あらゆる集団の関係がうまくいくようにするためには）、たとえその集団についてネガティブな言動をとっても、自分はそれによって評価されることはないと信頼できる必要があった。第九章では、そのための多くの方法を提案した（と思いたい）。ここでは、「これは学習の機会だ」と思わせることの価値をあらためて強調したい。出自の異なる人々との交流はお互いから学ぶ機会とされると、双方の潜在的緊張が緩和され、失言がさほど重要ではなくなる。信頼が強化される。

ステレオタイプ脅威は一般的な現象だ。いつでも、誰にでも起きうる。自分のアイデンティティに関するネガティブなステレオタイプは、自分の周囲の空気に漂っている。そのような状況では、自分がそれに基づき評価されたり、扱われたりする可能性がある。特に自分が大いに努力した分野では、脅威は大きくなる。だから、そのステレオタイプを否定するか、自分には当てはまらないことを証明しようとする。あるいはそのような脅威に対峙しなければならない場面そのものを回避する。それは決定的ではないが、しばしば無意識のうちにわたしたちの行動や選択、人生（座席を探して飛行機の通路を歩く距離、ゴルフのラウンドや知能テストの成績）に影響を与える。わたしたちは自律的に物事を選択していると思っているが、その選択は常にコンテクストにしたがっていることは忘れがちだ。こうしたコンテクストにはわたしたちのアイデンティティと結びついたプレッシャーが含まれている。自分の経験を振り返って、プレッシャーの存在を認識するのは難しいが、本書で述べてきたように、アイデンティティを現実のものにしているのは、まさにこうしたプレッシャーなのだ。

ステレオタイプ脅威は、人生の厳然たる事実なのだ。

11章 人をつなぐ橋としてのアイデンティティ

二〇〇八年一一月四日、バラク・オバマが黒人としてはじめてアメリカ合衆国大統領に選出されて以来、アメリカ社会は「ポスト人種」時代に突入したのではないかと言われてきた。人種的アイデンティティが、機会や人間関係に影響を与える時代は終わった――。それは選挙結果がかき立てた希望であり、人種以外の集団に関する偏見にも広がった。それは、アメリカ人の特徴の根本的な部分が変化または進歩して、偏見に基づく不正義という、これまで放置されてきた問題から人々が解放されるのではないかという希望だ。アリストテレスは、物質の落下速度が異なるのは、物質に「土質」という元素が内在し、地面に引き寄せられる力がそれぞれ異なるためだと考えた。わたしたちも、アイデンティティが公平な社会にどれほど近づいているかは、社会の構成要素すなわち人種、ジェンダー、階級などの集団の不公平の原因となる集団間の偏見の度合いを測定することによって推し量れると考えているようだ。この考え方によれば、偏見がゼロになれば、人種的にも公平な社会、平等な競争環境、すなわち「ポスト人種社会」になるはずだ。もちろんわたしも、その偏見がゼロになってほしいと思っている。しかしそうなったら、アメリカは本当にポスト人種社会に突入したと言えるのか。

本書の目的は、人種などのアイデンティティが、人と社会に重要な影響をもたらす理由を幅広い視点から明らかにすることだ。つまり、あるアイデンティティに対する偏見を帯びた態度だけでなく、偏見に伴うアイデンティティ付随条件にも注目した。偏見は付随条件を形作る重要な要素だ。

しかしアイデンティティ付随条件は、たとえ自分を差別する人に一人も遭遇しなくても、人生を左右するほどに重大な影響を与えうる。

黒人としてのわたしの人生を振り返ると、アメリカにおけるアイデンティティ付随条件は改善されてきたことがわかる。幼い頃のスイミングプールの使用制限はなくなったし、一九四〇年代末にニューヨーク市でアナトール・ブロヤードが黒人として直面したであろう息苦しい制約もなくなった。だが、アイデンティティ付随条件は、歴史や社会を形作るうえでアイデンティティが果たした役割（社会のDNAとしての役割）から生まれていること、そして社会はアイデンティティをステレオタイプ化してきたことを思い出してほしい。アメリカにおける人種の場合、その歴史と遺産は今もなくなっていない。前章で述べたように、学校の人種隔離は、縮小するどころか、じわじわと拡大している。また、歴史的な人種の上下関係を反映して、現代の平均的な黒人家庭の資産は、平均的白人家庭の一〇分の一だ。作家ウィリアム・フォークナーの有名な言葉、「過去は死んでいないし、葬られてもいない。実のところ、過去でさえない」はそのとおりなのだ。

実のところ、人種と結びついた社会心理学的な付随条件は、進化はしても、なかなか消えない。高等教育について見てみよう。一九六〇年代まで、黒人が最も心配していたアイデンティティ付随条件は、人種ゆえに、ほとんどの大学が入学させてくれなかったこと、あるいは入学が認められるケースが極めて少なく、学校教育者も人種隔離的だったため、進学という選択肢の魅力が失われていたことだ。現在、この付随条件は、黒人の大学進学希望者の人生にはほぼまったく存在しない。

しかし本書が紹介した研究が示すように、現代の人種的に統合された大学で生じうるステレオタイプ脅威（とりわけアイデンティティを脅かすサインの蓄積に伴う脅威）は巨大で、昔のように人種をまるまる排除しなくても、学生の実力を抑圧する可能性がある。

白人も根強いステレオタイプ脅威に直面する恐れがある。現代の白人は、黒人をはじめとするマイノリティと日常的に顔を合わせる。つまり、白人へのネガティブなステレオタイプに基づき評価される可能性に日常的に直面している。それに対する彼らの反応は、第一〇章でわたしとフィリップ・ゴフ、ポール・デービスが行った実験に表れていた。

だからアメリカはまだ、「ポスト人種社会」になっていないのだ。たしかに人種関係は改善している。各種調査によると、アメリカ人は人種間結婚に寛容になり、白人は黒人上司の下で働くことに以前ほど抵抗を感じなくなり、隣人が異なる人種でも問題ないと思う人は増えている。極め付けが、黒人大統領の誕生だ。しかし重要なのは、異なる人種に対する態度だけではない。日常生活における付随条件もまた重要なのだ。そしてこうしたアイデンティティ付随条件は、社会心理学で解明されたからといって、なくなるわけではない。

本書の狙いは、人間の機能に関する理解を拡大するとともに、特に複数のアイデンティティが混在する状況で、人は目の前のタスクに対処するだけでなく、脅威を評価し、ネガティブに判断されたり扱われたりするリスクから自分を守ろうと必死であることを、常に思い起こしてもらうことだ。ひょっとすると、わたしたちの研究で最大の発見は、人間の自己防衛的な側面が、ネガティブなステレオタイプを当てはめられる見通しだけで喚起され、その人の知的機能を乗っ取り、実際のタスクに費やすべき能力を奪い取ってしまうことかもしれない。このような人間の自己防衛機能は、ひとたび喚起されると、その人が本来持つ能力やモチベーションとは関係なく、その思考、感情、行動、成績にダメージを与え、最終的にパフォーマンス（数学の成績から、人種間の会話への関心やゴルフまで）における集団間格差を引き起こす。人間の心に巣食う偏見を探ることに夢中になりすぎれば、その人の（たとえば）黒人に対する態度は、自分のアイデンティティに起因するプレッシャーが原因だという事実を見落とすことになりかねない。しかもそのプレッシャーは、同じアイデンティティを持つほとんどの人に影響を与える。無数の試験を繰り返して女性の数学の能力を測ろうとすれば、アメリカ社会では、女性は数学にはじめて触れたときから、ひときわ大きなステレオタイプ脅威にさらされてきた事実を見落としかねない。そのプレッシャーは、最も難度が高い課題に取り組むときとりわけ強くなり、そのたびに彼女たちはここは男性向けの領域なのだと思わされてきたのだ。あるいは、白人選手の運動能力を徹底的に調べようと、世界中の陸上競技大会の結果を調べ上げることに熱中すれば、アメリカの白人ランナーは、「足が速いのはきみの人種じゃない」という、ほぼ一〇〇％に近い社会的コンセンサスのプレッシャーにさらされながら走っている現実を見落とすことになる。

このことを踏まえると、集団間の格差に関するわたしたちの理解は一段と豊かになる。個人の内面を無視することなく、集団間の成績格差を説明するための材料を増やすことができるのだ。

さもなければ、以下のような事象は説明できない。

●レーブン漸進的マトリックス知能テストを、能力診断ではなく一種のパズルだとしてやらせると、黒人の点数が白人の点数と同レベルに上昇して、一般に知能テストに見られる人種間の成績格差が完全に消えるのはなぜか。
●ゴルフのタスクを、「運動神経」ではなく「スポーツ・インテリジェンス」を測定するものだとしてやらせると、白人と黒人の成績が完全に逆転するのはなぜか。
●理数系の女子学生が、難度の高い数学のテストを受ける直前に、優秀な女性ロールモデルのことを思い起こさせると、基礎学力が同レベルの男子学生に対する成績不振が消えるのはなぜか。
●二人の黒人学生と人種プロファイリングについて話すことは、学習の機会になると説明すると、白人男子学生が離れていたイスを近づけるのはなぜか。

本書で紹介した研究が示唆しているのは、アイデンティティが統合された環境で、集団間の格差を縮小するためには、あるいはバックグラウンドの異なる人々が快適に協働できるようにするためには、アイデンティティに由来する苦境に陥ることはないという安心感を与えることが不可欠だということだ。それができないと、人間が本来持つ自己防衛的な側面が、その人の能力を乗っ取ってしまう。こうした安心感で、すべての問題が解決するわけではないが、安心感を与える必要性に注目しなければ、問題を治癒することはできない。こうした経緯から、人間の自己防衛本能に対処する方法を学ぶことが、さまざまな集団が統合された環境にいる教師や経営者やリーダーのスキルとして重要になってきたと、わたしは認識するようになった。このスキルがなければ、多様性が高まる現代社会で効果的な働きができるとは考えにくい。

そこで、ここからは実践的なレッスンを紹介したい。スキルを学ぶ人の入門になるとともに、これまで挙げてきた課題に対する希望的アプローチにもなるだろう。人間の内面を変えるのは難しいが、アイデンティティ付随条件や、それを示唆するサイン、そしてそれを解釈するナラティブは変えやすい。そのことは近年、この研究分野で明らかにされてきた実践的な発見に示されている。

- 批判的なフィードバックは、伝え方を変えると、マイノリティ学生のモチベーションと受容性を劇的に改善できる。
- ある環境で、特定の集団のクリティカルマスを満たすと、その構成員の信頼、快適感、パフォーマンスを改善できる。
- 多様なバックグラウンドの学生同士の雑談を促すだけで、マイノリティ学生の居心地の悪さと成績を改善できる。
- 学生（特にマイノリティの学生）に、自分が一番大事にしている価値観を肯定させると、長期にわたり成績が上向く。

● フラストレーションの原因を説明すると同時に、ポジティブな関与と成功を期待するナラティブを学生が構築するのをサポートすると、彼らの帰属意識と達成感を大幅に高めることができる。これを決定的に重要なタイミングで行うと、学生の人生を変える可能性もある。

こうした戦略が効果的であるからといって、人種やジェンダー、階級などのアイデンティティに結びついた不利益を解決する構造改革や変革を実施しなくていいわけではない。改革は、引き続き重点事項であるべきだ。しかし日常に存在するステレオタイプ脅威に対処すれば、アイデンティティがもたらす不利益を緩和するうえでは大きな進歩を遂げることができるだろう。それですべてを解決できるわけではないかもしれない。しかし、願わくば本書が示す通り、わたしたちが気がついた以上の効果をもたらしてほしい。そもそもステレオタイプ脅威に取り組まなければ、問題の解決を望むことはできないのだ。

だが、アメリカ人は、アイデンティティに目を向けることに辟易している。それによってもたらされる利益は、それが引き起こすかもしれない分断を上回るのか。人種を持ち出すことは（たとえばだが）、アメリカ社会で最大の恥の一つとみなされてきたのではなかったか。オバマの大統領選出が、ポスト人種時代の始まりであってほしいとわたしたちが願う大きな理由はここにある。こうした恥の意識を過去のものにすることだ。それだけに、オバマがあらゆるアイデンティティの人に結束して進歩の時代をつくることを呼びかける一方で、ポスト人種社会を訴えることも、自分の選出をポスト人種社会が到来した証拠とみなすこともなかったのは、皮肉に感じられる。それどころかオバマは、人種をはじめとする自分のアイデンティティを強調し、それをオープンに受け入れ、理解し、自意識に取り入れることがいかに重要だったかを著書に書いている。

オバマは、人種アイデンティティの強化と進化を求めた。民主党予備選の真っ只中だった二〇〇八年三月一八日に、オバマがフィラデルフィアで行った有名な「人種演説」の一部をご紹介しよう。

わたしはケニア出身の黒人男性と、カンザス出身の白人女性の間に生まれた。そして、大恐慌を生き抜き、第二次世界大戦ではパットン将軍率いる陸軍で戦った白人の祖父と、夫の不在中フォート・レブンワースの戦闘機組立工場で働いた白人の祖母の助けを受けて育った。アメリカで最高の学校のいくつかに通い、世界最貧国の一つに住んだことがある。わたしが結婚した黒人女性には、奴隷と奴隷所有者の血が混ざっている。わたしたちはその遺産を、二人の大事な娘たちに引き継いだ。わたしには、あらゆる人種と肌の色の兄弟、姉妹、姪、甥、おじ、いとこが、三つの大陸に散らばっている。このようなストーリーが地球上の他の国ではありえないことを、わたしは生涯忘れない。

この演説で、オバマは自分の人種的アイデンティティを隠さずに全面的に受け入れることや、肌の色を無視したりポスト人種社会を擁護したりするのではなく、アメリカ社会と彼自身を構成する多くの肌の色について語っている。また、自分の複数のアイデンティティを明言することで、それを人と自分をつなぐ橋にしている。アイデンティティを強調することを警戒する社会で、これは直感に反する行動に見える。実際、オバマの側近はこの演説に反対した。しかしそれは、オバマがした他のどんなことよりも、非黒人アメリカ人がオバマを大統領候補として、そしてのちには大統領として快く受け入れることに役立った。それはオバマと莫大な数の有権者の間に共通の基盤を生み出した。誰もがアイデンティティを持っている。それも、しばしばたくさん。そして、アイデンティティの間には重要な違いが数多く存在するにもかかわらず、あるアイデンティティを持つことで経験することの多くは、別のアイデンティティを持つ経験と似ている。オバマは自分の複数のアイデンティティについて語ることにより、人々にそのことを気づかせ、彼ら自身の複数のアイデンティティに目を向けさせ、その理解が他人のアイデンティティ経験を理解する助けになることを教えた。そのストーリーは、オバマを多くの人に結びつけた。こうしたストーリーがなければ、皮肉にも、単なる黒人男性に過ぎなかった男に、自分を重ね合わせることができるようになったのだ。

同時にこの演説は、アイデンティティに関する人々の理解を少なくとも潜在的に深めた。すなわちアイデンティティとは、その人を全面的に支配するものでも定義するものでもない。アイデンティティとは流動的で、一定の環境に置かれたときにわたしたちの心理や行動に影響を与える。それは多くの人々が経験から知っている真実であり、多くの人はオバマがそれを肯定してくれたことに感謝したようだ。この観点からいうと、アイデンティティはさほど恐ろしいものでも、心配すべきものでもない。むしろ、アイデンティティを探求することから恩恵を得られるかもしれない。明らかにオバマはそうだった。アイデンティティは彼に自己認識とバランス感覚、他人の置かれた状況に対する洞察力と共感、極めて幅広い人々とのつながり、そして物事をやり遂げる社会的能力を与えた。オバマの場合、アイデンティティは人種分断や脅威の源泉ではなく、複雑で多様な社会が直面する課題に関する知恵の源泉であり、究極的には彼をこうした社会を指導するのに最も適した人物にした。おそらくすべての人々にとって驚くべきことに、オバマが希望の象徴になったのは、アイデンティティを抑え込んだからではなく、強調したからだった。

本書がその希望を維持する助けになることを願ってやまない。

訳者あとがき――ステレオタイプ脅威が生み出した、トランプのアメリカ

サウスウエスト航空にはファーストクラスがあるらしい。

いえいえ、ありませんよと、アメリカ国内線の事情に詳しい読者はおっしゃるかもしれない。格安航空の草分け的存在のサウスウエスト航空は、事前に座席指定ができない。乗客は搭乗口への先着順で、座席を選ぶことになっている。だからファーストクラスもビジネスクラスもないんです、と。

だが、法学者のシェリル・キャシンと夫は、「今日はファーストクラスに乗れるかな」とワクワクしながらサウスウエスト航空を利用するという。運良く最初に搭乗したのが黒人男性で、最前列に席を取ると、ほぼ確実にその周囲の席は空席のまま残っている。だからキャシン夫妻が遅く乗っても、出入り口に近い「ファーストクラス」の席を取れるというのだ。

なぜ、そんな現象が起こるのか。

差別や偏見が最初に頭に浮かぶだろう。白人が黒人を差別しているから、近くの席に座りたくないのだ、と。しかし白人客の行動にもっと大きな影響を与えているのは、ステレオタイプ脅威だと、筆者クロード・スティールは言う。黒人客の隣に座って、言葉を交わすことになったとき不用意な発言をしてしまったり、たまたま持ち込んだ雑誌に人種差別的なコンテンツが含まれていたりして、隣の黒人客に、「この白人も人種差別主義者か」と思われるのが怖いのだ、と。別の言い方をすると、「白人は人種差別主義者だ」というステレオタイプが、自分に当てはまると思われることが怖いのだと、スティールは分析する。飛行機のような狭い空間で、そんなことにビクビクしながら数時間を過ごすくらいなら、離れた席に座ったほうがいい――。そんな判断が「サウスウエスト航空のファーストクラス」を生んでいるという。

人種差別はさておき、厄介な状況を避けて通りたいと思うのは、アメリカの白人に限らず、黒人であれ、日本人であれ、誰もが抱く本能的な反応だろう。だが、あらゆる脅威が、飛行機の座席を変えるように簡単に回避できるわけではない。たとえば、教養ある現代人として、自分とは異なる人種や慣習や考え方を持つ人たちにも礼儀正しく振る舞うべきだという規範意識は、現代の社会全体に存在する。この規範に自分は外れていないだろうかという懸念は、心理的なストレスになりかねないのではないだろうか。アメリカの場合、そのストレスは本書が刊行された六年後、ドナルド・トランプという煽動家によって爆発したように見える。

トランプは二〇一六年の選挙期間中、政治集会で障害者の物真似をして愚弄し、女性は有名人が相手なら性的に何をされても文句を言わないと笑い、ベトナム戦争で五年半にわたり捕虜になった上院議員について「捕虜になったから英雄と呼ばれるに過ぎない」と言い放った。それらは説明を要さないほどに下劣な発言であり、これまでの大統領候補なら、一つだけでも「おしまい」になったはずだ。ところが驚くべきことに、アメリカの有権者二億五〇〇〇万人のうち約三五％（つまり八七五〇万人）は、何があってもトランプを支持した。そして周知のとおり、トランプは大統領選に勝利し、いまや再選を狙う勢いだ。

その理由については、さまざまな分析が存在する。しかし本書を読んだあと、テレビに映し出されるトランプ支持者の様子を見ていると、「ステレオタイプ脅威疲れ」が一因なのではないかと思わずにいられない。バラク・オバマという初の黒人大統領が登場し、同性婚の合憲性が認められるようになり、経済のグローバル化がどんどん進むなか、変化のスピードに追いつけない人たちが、変化に理解を示すフリをするのはもう疲れたと言っているように見えるのだ。サウスウエスト航空を例に取るとすれば、「『人種差別主義者と思われるかもしれない』と心配するのはもう嫌だ。なんと思われたっていいじゃないか。好きなことを言って、好きなことをしよう」という感覚だ。この、差別意識とは別の、「もう気を遣うのはごめんだ」という意識が、予想以上にアメリカ人の心に大きく巣食っていたのではないか。だからトランプ支持者の多くは、トランプを「正直な人間だ」と評し、良識的に振る舞おうとする人たちを「お高くとまった偽善者」だと攻撃した。その意味では、トランプは、ステレオタイプ脅威が生み出した大統領と言えるのではないか。それは民主主義さえも脅かす危険を秘めている。「面倒な話し合いなんてやめて、気の合う仲間だけで集まって決めよう」という考え方だ。

筆者クロード・スティールは、一九四六年一月一日生まれの七四歳。本書でも述べているように、シカゴに生まれ、公民権運動に熱心な両親のもと、人種問題が頻繁に話題にあがる家庭に育ったという。やがて、偏見の性質や差別という行動を科学的に研究したいと思うようになり、研究者の道を進むことにする。オハイオ州立大学で社会心理学の博士号を取得したあと、シアトルのワシントン大学で十四年間、アルコール依存症の心理や自己肯定化理論を研究。その後、ミシガン大学に移ってからステレオタイプ脅威の研究を本格的に始めた。現在はスタンフォード大学名誉教授の地位にある。最近でも、保守系シンクタンク、アメリカン・エンタープライズ公共政策研究所（AEI）が発表する二〇二〇年の「影響力のある教育研究者ランキング」では二一位に入るなど、幅広くリスペクトされている社会心理学者であり教育の専門家だ。

本書が刊行されたのは、オバマが大統領に就任した翌年の二〇一〇年。スティールは本書のなかで、「ポスト人種の時代」が到来するのではないかと大きな期待を寄せる一方で、オバマが選挙戦で人種的アイデンティティによる制約を超えることよりも、人種的なバックグラウンドを強調したとして、少しばかり落胆したようにも読み取れる。実際には、オバマは八年間の任期の最後の一～二年こそ、黒人のアイデンティティを強く印象づける行動を取ることもあったが（たとえば二〇一五年に銃撃事件が起きた黒人教会の追悼式で、スピーチ中に黒人霊歌『アメイジング・グレイス』

を歌い出した）、大統領選や任期中の大部分は、「アメリカ合衆国」の大統領として、黒人に肩入れしすぎないよう非常に注意していたという印象が強い。むしろ黒人の間では、「オバマは黒人のために何もしてくれない」という不満が聞かれることもあったほどだ（そのような不満が正当なものかどうかはさておき）。

前述のように、残念ながらオバマの登場（と同時代的に起きた社会経済の変化）は、一部の人々がやり場のない不満を募らせることになり、「ポスト人種の時代」を到来させることはなかったようだ。しかし、こうした「ステレオタイプ脅威疲れ」あるいは「良識的な人間として振る舞うことへの疲れ」と、それに対する過激な反動は、アメリカだけでなく日本をはじめ、どのような国でも起こり得る現象だ。同じような人間だけで固まることは、一見したところ心地よく感じられるが、ちょっとしたバランスの崩れによって暴走しやすく、自分とは異なる人々を攻撃することで結束を確認し、本来多様な社会を分断し、機能させなくなる危険をはらんでいる。歴史にはそうした例があふれている。

だからこそ、他者との違いに怯えたり、感情的に反応したりするのではなく、学びの機会と考えることが、ステレオタイプ脅威を克服する最も有効な方法だというスティールの考察が心強く感じられる。なにしろそれは、実験に裏付けられた処方箋なのだ。

スティールの原書の文章には、やや取り散らかった部分があり、過度な重複や、実験の説明をわかりやすくしたほうがよい部分については、翻訳後に整理した。英治出版の安村侑希子さんには、そのために多大な御助力をいただいたことを心から感謝申し上げたい。

二〇二〇年　春

藤原朝子

individual differences in implicit cognition: The Implicit Association Test. Journal of Personality and Social Psychology 74, 1464–1480.
- Greenwald, A. G., Nosek, B. A., & Banaji, M. R. (2003). Understanding and using the Implicit Association Test: I. An improved scoring algorithm. Journal of Personality and Social Psychology 85, 197–216.
- Lee, C., & Orfield, G. (2007, August 29). School desegregation. Harvard Civil Rights Project. Retrieved from http://www.civilrightsproject.ucla.edu/research/deseg/reversals_reseg_need.pdf.
- Loury, G. (2002). The anatomy of racial inequality. Cambridge, MA: Harvard University Press.

第１１章
- Obama, B. Speech on Race (2008, March 18). New York Times

- Massey, D. S., Charles, C. Z., Lundy, G., & Fischer, M. J. (2002). The source of the river: The social origins of freshmen at America's selective colleges and universities. Princeton, NJ: Princeton University Press.
- Muzzatti, B., & Agnoli, F. (2007). Gender and mathematics: Attitudes and stereotype threat vulnerability in Italian children. Developmental Psychology 43 (3), 747–759.
- Steele, C. M., Spencer, S. J., Hummel, M., Carter, K., Harber, K., Schoem, D., & Nisbett, R. (1997). African-American college achievement: A wise intervention. Unpublished manuscript, Stanford University.
- Steele, D. M., Steele, C. M., Markus, H. R., Lewis, A. E., Green, F., & Davies, P. G. (2008). How identity safety improves student achievement. Manuscript submitted for publication.
- Walton, G. M., & Cohen, G. L. (2003). Stereotype lift. Journal of Experimental Social Psychology 39, 456–467.
- Walton, G. M., & Cohen, G. L. (2007). A question of belonging: Race, social fit, and achievement. Journal of Personality and Social Psychology 92, 82–96.
- Walton, G. M., & Spencer, S. J. (2009). Latent ability: grades and test scores systematically underestimate the intellectual ability of negatively stereotyped students. Psychological Science 20 (9), 1132–1139.

第１０章

- Brooks, David. (2004). On Paradise Drive: How we live now (and always have) in the future tense. New York: Simon & Schuster.
- Cashin, S. (2004). The failures of integration: How race and class are undermining the American dream. New York: Public Affairs.
- DiTomaso, N. (2006, August 11). Social Capital: Nobody Makes It on Their Own. Paper presented at the annual meeting of the American Sociological Association, Montreal Convention Center, Montreal, Quebec, Canada Online. Retrieved from http://www.allacadmic.com/meta/p103086_index.html.
- Goff, P. A., Steele, C. M., & Davies, P. G. (2008). The space between us: Stereotype threat and distance in interracial contexts. Journal of Personality and Social Psychology 94, 91–107.
- Granovetter, M. S. (1973). The strength of weak ties. American Journal of Sociology 78 (6), 1360–80.
- Granovetter, M. S. (1974) Getting a job: A study of contacts and careers. Cambridge, MA: Harvard University Press.
- Greenwald, A. G., McGhee, D. E., & Schwartz, J. L. K. (1998). Measuring

Understanding the effects of situational cues on perceived identity contingencies and sense of belonging. Unpublished manuscript, Stanford, CA.
- Murphy, M. M., Steele, C. M., & Gross, J. J. (2007). Signaling threat: Cuing social identity threat among women in a math, science, and engineering setting. Psychological Science 18 (10), 879–885.
- O'Connor, S. D. (2003). The majesty of the law: Reflections of a Supreme Court justice. New York: Random House.
- Purdie-Vaughns, V., Steele, C. M., Davies, P. G., Ditlmann, R., & Crosby, J. R. (2008). Social identity contingencies: How diversity cues signal threat or safety for African Americans in mainstream institutions. Journal of Personality and Social Psychology 94, 615–630.
- Totenberg, Nina. (2003, May 14) Sandra Day O'Connor's supreme legacy: First female high court justice reflects on 22 years on bench. All Things Considered. Retrieved at http://www.npr.org/templates/story/story.php?storyId+1261400.

第 9 章

- Ambady, N., Shih, M., Kim, A., & Pittinsky, T. L. (2001). Stereotype susceptibility in children: Effects of identity activation on quantitative performance. Psychological Science 12, 5, 385–390.
- Aronson, J., Fried, C., & Good, C. (2002). Reducing the effects of stereotype threat on African-American college students by shaping theories of intelligence. Journal of Experimental Social Psychology 38, 113–125.
- Bok, D., & Bowen, W. (1998). The shape of the river. Princeton, NJ: Princeton University Press.
- Cohen, G. L., Garcia, J., Apfel, N., & Master, A. (2006, September 1). Reducing the racial achievement gap: A social-psychological intervention. Science 313, 1307–1310.
- Cohen, G. L., Steele, C. M., & Ross, L. D. (1999). The mentor's dilemma: Providing critical feedback across the racial divide. Personality and Social Psychology Bulletin 25, 1302–1318.
- Cole, S., & Barber, E. (2003). Increasing faculty diversity: The occupational choices of high-achieving minority students. Cambridge, MA: Harvard University Press.
- Dweck, C. S. (2006). Mindset: The new psychology of success. New York: Random House.
- Dweck, C. S. (2007). The secret to raising smart kids. Scientific American Mind 12, 36–40.

- James, S. A., Hartnett, S. A., & Kalsbeek, W. D. (1983). John Henryism and blood pressure differences among black men. Journal of Behavioral Medicine 6 (3), 259–278.
- James, S. A., Keenan, N. L., Strogatz, D. S., Browning, S. R., & Garrett, J. M. (1992). Socioeconomic status, John Henryism, and blood pressure in black adults: The Pitt county study. American Journal of Epidemiology 135 (1), 59–67.
- James, S. A., LaCroix, A., Kleinbaum, D. G., & Strogatz, D. S. (1984). John Henryism and blood pressure differences among black men ii: The role of occupational stressors. Journal of Behavioral Medicine 7 (3), 259–275.
- Mendes, W. B., Blascovich, J., Lickel, B., & Hunter, S. (2002). Challenge and threat during social interactions with white and black men. Personality and Social Psychology Bulletin 28, 939–952.
- Schmader, T., & Johns, M. (2003). Converging evidence that stereotype threat reduces working memory capacity. Journal of Personality and Social Psychology 85, 440–452.
- Steele, C. M., Spencer, S. J., & Aronson, J. (2002). Contending with group image: The psychology of stereotype and social identity threat. In M. P. Zanna (ed.), Advances in experimental social psychology. San Diego, CA: Academic Press, 34, 379–440.

第 8 章

- Allmendinger, J. M., & Hackman, J. R. (1993). The more, the better? On the inclusion of women in professional organizations. Report No. 5, Cross-National Study of Symphony Orchestras, Harvard University.
- Ashe, A., & Rampersad, A. (1993). Days of grace a memoir . New York: Knopf.
- Davies, P. G., Spencer, S. J., & Steele, C. M. (2005). Clearing the air:Identity safety moderates the effects of stereotype threat on women's leadership aspirations. Journal of Personality and Social Psychology 88 (2), 276–287.
- Inzlicht, M., & Ben-Zeev, T. (2000). A threatening intellectual environment: Why females are susceptible to experiencing problemsolving deficits in the presence of males. Psychological Science 11, 365–371.
- Krendl, A. C., Richeson, J. A., Kelley, W. M., & Heatherton, T. F (2008). The negative consequences of threat: a functional magnetic resonance imaging investigation of the neural mechanisms underlying women's underperformance in math. Psychological science: a journal of the American Psychological Society, 168–175.
- Murphy, M. M., & Steele, C. M. (in prep). The importance of context:

An evaluation of the Mathematics Workshop Program. Journal of Negro Education 59 (3), 463–478.
- Jones, V. D. (2009). The pressure to work harder: The effect of numeric underrepresentation on academic motivation. Unpublished doctoral dissertation, Stanford University.
- Leavy, W. (April 1997) 1947–1997: The 50th anniversary of the Jackie Robinson revolution. Ebony, 52.
- Nussbaum, A. D., & Steele, C. M. (2007). Situational disengagement and persistence in the face of adversity. Journal of Experimental Social Psychology 43, 127–134.
- O'Brien, L. T., & Crandall, C. S. (2003). Stereotype threat and arousal:Effects on women's math performance. Personality and Social Psychology Bulletin 29, 782–789.
- Treisman, P. U. (1985). A study of mathematics performance of Black students at the University of California, Berkeley. Unpublished report.
- Treisman, P. U. (1992). Studying students studying calculus: A look at the lives of minority mathematics students in college. College Mathematics Journal 23, 362–372.

第 7 章

- Ben-Zeev, T., Fein, S., & Inzlicht, M. (2005). Arousal and stereotype threat. Journal of Experimental Social Psychology, 41 (2), 174–181.
- Blascovich, J., Mendes, W. B., Hunter, S. B., Lickel, B., & Kowai-Bell, N. (2001). Perceiver threat in social interactions with stigmatized others. Journal of Personality and Social Psychology 80, 253–267.
- Blascovich, J., Spencer, S. J., Quinn, D. M., & Steele, C. M. (2001). African Americans and high blood pressure: The role of stereotype threat. Psychological Science 13 (3), 225–229.
- Croizet, J. C., Desprès, G., Gauzins, M., Huguet, P., & Leyens, J. (2003). Stereotype threat undermines intellectual performance by triggering a disruptive mental load. Unpublished manuscript, Université Blaise Pascal, Clermont-Ferrand, France.
- Dutton, D. G., & Aron, A. P. (1974). Some evidence for heightened sexual attraction under conditions of high anxiety. Journal of Personality and Social Psychology 30, 510–517.
- James, S. A. (1993). The narrative of John Henry Martin. Southern Cultures 1 (1), 83–106.
- James, S. A. (1994). John Henryism and the health of African-Americans. Culture, Medicine, and Psychiatry 18, 163–182.

the-times-is-dead.html.

- Rowland, Mabel. (1923). Bert Williams, son of laughter. New York: The English Crafters.
- Tajfel, H. (1957). Value and the perceptual judgement of magnitude. Psychological Review 64, 192–204.
- Tajfel, H., Billig, M., Bundy, R., & Flament, C. (1971). Social categorization and intergroup behavior. European Journal of Social Psychology 1, 149–178.
- Tajfel, H., & Turner, J. C. (1979). An integrative theory of intergroup conflict. In W. G. Austin & S. Worchel (eds.), The social psychology of intergroup relations. Monterey, CA: Brooks/Cole, 33–37.
- Tajfel, H., & Turner, J. C. (1986). The social identity theory of intergroup behavior. In S. Worchel & W. G. Austin (eds.), Psychology of intergroup relations. Chicago: Nelson, 7–24.

第 5 章

- Aronson, J., Lustina, M. J., Good, C., Keough, K., Steele, C. M., & Brown, J. (1999). When White men can't do math: Necessary and sufficient factors in stereotype threat. Journal of Experimental Social Psychology 35, 29–46.
- Croizet, J.-C., & Claire, T. (1998). Extending the concept of stereotype and threat to social class: The intellectual underperformance of students from low socioeconomic backgrounds. Personality and Social Psychology Bulletin 24, 588–594.
- Drake, S. C., & Cayton, H. R. (1945). Black metropolis: A study of Negro life in a northern city. New York: Harcourt Brace.
- Hess, T. M., Auman, C., Colcombe, S. J., & Rahhal, T. A. (2003). The impact of stereotype threat on age differences in memory performance. Journal of Gerontology: Psychological Sciences 58B, P3–P11.
- McIntyre, R. B., Paulson, R. M., & Lord, C. G. (2002). Alleviating women's mathematics stereotype threat through salience of group achievement. Journal of Experimental Social Psychology 39, 83–90.
- Pittinsky, T. L., Shih, M., & Ambady, N. (1999). Identity adaptiveness: Affect across multiple identities. Journal of Social Issues 55, 503–518.
- Shih, M., Pittinsky, T. L., & Ambady, N. (1999). Stereotype susceptibility: Identity salience and shifts in quantitative performance. Psychological Science 10, 80–83.

第 6 章

- Fullilove, R. E., & Treisman, P. U. (1990). Mathematics achievement among African American undergraduates at the University of California, Berkeley:

ABC News, ABC Media Concepts.
- Spencer, S. J., Steele, C. M., & Quinn, D. (1999). Stereotype threat and women's math performance. Journal of Experimental Social Psychology 35, 4–28.
- Summers, L. (2005). Remarks at NBER Conference on Diversifying the Science & Engineering Workforce. Retrieved from http://www. president. harvard.edu/speeches/2005/nber.html.
- Wilson, W. J. (1987). The truly disadvantaged: the inner city, the underclass and public policy. Chicago: University of Chicago Press.
- Wilson, W. J. (ed.) (1993). The ghetto underclass. Newbury Park, CA: Sage.

第 3 章
- Allport, G. (1958). The nature of prejudice. Garden City, NY: Doubleday.
- NBA Seattle Supersonics. Retrieved from: www.nba.com/sonics/new/00401097.html.
- Scott, D. M. (1997) Contempt and pity: Social policy and the image of the damaged Black psyche. Chapel Hill: University of North Carolina Press.
- Steele, C. M., & Aronson, J. (1995). Stereotype threat and the intellectual test performance of African Americans. Journal of Personality and Social Psychology 69, 797–811.

第 4 章
- Brooks, Tim. (2004). Lost sounds: Blacks and the birth of the recording industry, 1890–1919. Chicago: University of Illinois Press, 174.
- Comer, J. (1988). Educating poor minority children. Scientific American 259, 42.
- Comer, J. (2000). Child by child: The Comer process for change in education. New York: Teachers College Press.
- Gates Jr., H. L. (1997). The passing of Anatole Broyard. In Thirteen ways of looking at a Black man. New York: Random House, 180–214.
- Glass, I. (2000, July 28). This American Life: Americans in Paris, Episode 165. Washington D.C.: National Public Radio.
- Maalouf, A. (1998). Deadly identities. Retrieved from http://www.aljadid.com/essays/DeadlyIdentities.html.
- Maalouf, A. (2001). In the name of identity: Violence and the need to belong. New York: Arcade Publishing.
- Mitgang, H. (1990, October 12) Anatole Broyard, 70, book-critic and editor at the Times, is dead. New York Times. Retrieved from http://www.nytimes.com/1990/10/12/obituaries/anatole-broyard-70-bookcritic-and-editor-at-

参考文献

第 1 章

- Staples, B. Black Men and Public Space. (December 1986) Harper's Magazine.
- Stone, J., Lynch, C. I., Sjomeling, M., & Darley, J. M. (1999). Stereotype threat effects on Black and White athletic performance. Journal of Personality and Social Psychology 77, 1213–1227.

第 2 章

- Benbow, C. P., & Stanley, J. C. (1980). Sex differences in mathematical ability: Fact or artifact? Science 210, 1262–1264.
- Benbow, C. P., & Stanley, J. C. (1983). Sex differences in mathematical reasoning ability: More facts. Science 222, 1029–1031.
- Bentley Historical Library, University of Michigan. (2009). University of Michigan Timelines: General University Timeline. Retrieved from http://www.bentley.umich.edu.
- Bentley Historical Library, University of Michigan. (2009). University of Michigan Timelines: Diversity at the University of Michigan. Retrieved from http://www.bentley.umich.edu.
- Bombardieri, M. (2005, January 17). Summers' remarks on women draw fire. Boston Globe. Retrieved from http://www.Boston.com/bostonglobe/.
- Hemel, D. J. (2005, January 14). Summers' comments on women and science draw ire: Remarks at private conference stir criticism, mediafrenzy. The Harvard Crimson. Retrieved from http://www.thecrimson.com.
- Hewitt, N. M., & Seymour, E. (1991). Factors Contributing to High Attrition Rates Among Science, Mathematics, and Engineering Undergraduate Majors. Report to the Alfred P. Sloan Foundation. Boulder, CO: Bureau of Sociological Research, University of Colorado.
- Hewitt, N., & Seymour, E. (1997). Talking about leaving: Why undergraduates leave the sciences. Boulder, CO: Westview.
- Jones, E. E., & Nisbett, R. E. (1972). The actor and the observer: Divergent perceptions of the causes of the behavior. In E. E. Jones, D.
- E. Kanouse, H. H. Kelley, R. E. Nisbett, S. Valins, and B. Weiner (eds.), Attribution: Perceiving the causes of behavior. Morristown, NJ: General Learning Press.
- Peters, W. (producer and director). (1970). Eye of the storm. New York:

［著者］

クロード・スティール　Claude M. Steele

社会心理学者。「ステレオタイプ脅威」と「自己肯定化理論」の研究で知られる。多数の論文を執筆しており、米国科学アカデミー、米国教育アカデミー、アメリカ哲学協会、アメリカ芸術科学アカデミーのメンバー。カリフォルニア大学バークレー校の副学長、コロンビア大学の副学長を経て、現在はスタンフォード大学で心理学教授を務めている。

［翻訳］

藤原朝子　Tomoko Fujiwara

学習院女子大学非常勤講師。訳書に『シリア難民——人類に突きつけられた21世紀最悪の難問』(ダイヤモンド社)、『未来のイノベーターはどう育つのか——子供の可能性を伸ばすもの・つぶすもの』『プラットフォーム革命——経済を支配するビジネスモデルはどう機能し、どう作られるのか』(英治出版)など。慶大卒。

［日本語版序文］

北村英哉　Hideya Kitamura

東洋大学社会学部教授。主要編著作に『偏見や差別はなぜ起こる?——心理メカニズムの解明と現象の分析』(ちとせプレス)、『社会心理学概論』(ナカニシヤ出版)、「社会的プライミング研究の歴史と現況」(『認知科学』20)、『進化と感情から解き明かす社会心理学』(有斐閣)、訳書に『心の中のブラインド・スポット——善良な人々に潜む非意識のバイアス』(北大路書房)。

● 英治出版からのお知らせ

本書に関するご意見・ご感想を E-mail（editor@eijipress.co.jp）で受け付けています。
また、英治出版ではメールマガジン、Web メディア、SNS で新刊情報や書籍に関する記事、イベント情報などを配信しております。ぜひ一度、アクセスしてみてください。
メールマガジン：会員登録はホームページにて
Web メディア「英治出版オンライン」：eijionline.com
X / Facebook / Instagram：eijipress

● 本書の仕様

製本様式	：	上製
判型	：	四六判（左右128×天地188mm）
本文	：	b7ナチュラル 四六T.Y/79kg
カバー	：	エアラススーパーホワイト 菊T.Y/83.5kg
帯	：	エスプリコートFP 四六T/110kg
表紙	：	エアラススーパーホワイト 菊T.Y/83.5kg
見返し	：	STカバー 赤鼠 四六Y/115kg
本扉	：	STカバー 鮭 四六Y/90kg

ステレオタイプの科学

「社会の刷り込み」は成果にどう影響し、わたしたちは何ができるのか

発行日	2020年 4月 6日 第1版 第1刷 2024年 7月24日 第1版 第4刷
著者	クロード・スティール
訳者	藤原朝子（ふじわら・ともこ）
発行人	高野達成
発行	英治出版株式会社 〒150-0022 東京都渋谷区恵比寿南1-9-12 ピトレスクビル4F 電話 03-5773-0193 FAX 03-5773-0194 www.eijipress.co.jp
プロデューサー	安村侑希子
スタッフ	原田英治 藤竹賢一郎 山下智也 鈴木美穂 下田理 田中三枝 平野貴裕 上村悠也 桑江リリー 石﨑優木 渡邉吏佐子 中西さおり 関紀子 齋藤さくら 荒金真美 廣畑達也 太田英里
校正	株式会社ヴェリタ
装丁	大森裕二
印刷・製本	中央精版印刷株式会社

ISBN978-4-86276-287-0 C0030 Printed in Japan